LA GRANJA GROOSHAM

A LA
ORILLA
DEL VIENTO

LA GRANJA GROOSHAM

ANTHONY HOROWITZ

ilustrado por
FRANCISCO NAVA BOUCHAÍN

traducción
LAURA SOSA

FONDO
DE CULTURA
ECONÓMICA

Primera edición en inglés,   1988
Primera edición en español,   1996
Segunda edición,   2015

Horowitz, Anthony
    La Granja Groosham / Anthony Horowitz ; ilus. de Francisco Nava
Bouchaín ; trad. de Laura Sosa. — 2a. ed. — México : FCE, 2015
    164 p. : ilus. ; 19 × 15 cm — (Colec. A la Orilla del Viento)
    Título original: Groosham Grange
    ISBN 978-607-16-3160-2

    1. Literatura infantil I. Nava Bouchaín, Francisco, il. II. Sosa, Laura,
tr. III. Ser. IV. t.

LC PZ7   Dewey 808.068 H811g

Distribución mundial

© 1988, Anthony Horowitz
Publicado por Methuen Children's Books Ltd., Londres
Título original: *Groosham Grange*

D. R. © 1996, Fondo de Cultura Económica
Carretera Picacho-Ajusco, 227; 14738 México, D. F.
www.fondodeculturaeconomica.com
Empresa certificada ISO 9001:2008

Editor: Daniel Goldin
Formación: Neri Sarai Ugalde Guzmán
Diseño de portada: Miguel Venegas Geffroy
Diseño de la colección: León Muñoz Santini

Comentarios: librosparaninos@fondodeculturaeconomica.com
Tel.: (55)5449-1871. Fax: (55)5449-1873

ISBN 978-607-16-3160-2

Impreso en México • *Printed in Mexico*

Índice

Expulsado

Era la hora de la cena en la casa del paseo Wiernotta número 3, en la ciudad de Londres.

El señor y la señora Eliot estaban sentados a la mesa con David, su único hijo varón. Esa noche, la cena había comenzado con un platón de col cruda bañada en salsa de queso, porque el señor y la señora Eliot nunca comían carne. El ambiente en la habitación se sentía particularmente frío. Esa tarde, la del último día de clases antes de las vacaciones de Navidad, David había llevado a casa sus calificaciones escolares. Su lectura no había sido placentera.

"Eliot no ha avanzado —había escrito el profesor de matemáticas—. No puede dividir ni multiplicar. Me temo que no llegará lejos."

"¡Tiene madera de flojo!", era el comentario del maestro de carpintería.

"¡Sería un milagro que se quedara despierto en clase!", se quejaba el maestro de religión.

"Un perfecto inútil", sentenciaba el prefecto.

"Se dirige al fracaso", concluía el director.

El señor Eliot leyó todos estos comentarios con creciente enojo. Primero, su cara se puso roja. Luego, sus dedos se pusieron blancos. Las venas del cuello se le tornaron azules y su lengua, negra. La señora Eliot dudó entre llamar al doctor o tomarle una foto a color; pero, al final, luego de varios vasos de whisky, el señor Eliot se tranquilizó.

—Cuando yo era niño —se lamentó—, si mis calificaciones no eran de primera, mi padre me encerraba durante una semana en un gabinete, sin comida. Una vez, me encadenó a la defensa trasera del coche y luego me llevó por la carretera, y eso sólo porque quedé en segundo lugar en latín.

—¿Qué fue lo que hicimos mal? —sollozó la señora Eliot, jalándose el cabello teñido de rojo—. ¿Qué dirán los vecinos si se enteran? ¡Se burlarán! ¡Estoy acabada!

—Si yo hubiera llegado con estas calificaciones —continuó el señor Eliot—, mi padre me habría matado. Me habría amarrado a las vías del ferrocarril y esperado al tren de Charing Cross de las 11:05…

—Podríamos simular que nunca tuvimos un hijo —lloriqueó la señora Eliot—. Podríamos decir que tiene una enfermedad rara… o que se cayó a un barranco.

Como ya habrán deducido de todo esto, el señor y la señora Eliot no eran el tipo de padres que a uno más le hubiera gustado tener. Edward Eliot era bajo, gordo, calvo, con el bigote tieso y una verruga en el cuello. Era presidente de un banco en la ciudad de Londres. Eileen Eliot era unos treinta centímetros más alta que él, muy delgada, con dientes de porcelana y pestañas postizas. Los Eliot llevaban casados veintinueve años y tenían siete hijos. Las seis hermanas mayores de David habían dejado la casa. Tres de ellas se casaron, y las otras tres emigraron a Nueva Zelanda.

David se había sentado en el extremo opuesto de la reluciente mesa de nogal y comía una nuez de Castilla; lo único que le habían servido. Era pequeño para su edad y bastante delgado, lo cual, probablemente, era resultado de haber sido criado con una dieta vegetariana, cuando en realidad no le gustaban las verduras. Tenía el pelo castaño, los ojos de color azul grisáceo y pecas. David se habría descrito a sí mismo como pequeño y feo. Las niñas lo encontraban simpático, lo que para él resultaba aún peor.

Durante media hora sus padres hablaron como si él no estuviera presente. Pero cuando su madre sirvió el plato principal —pastel de espárragos y poro con salsa de zanahoria rayada—, su padre se volvió y lo miró fijamente con un ojo parpadeante.

—David —le dijo—, tu madre y yo hemos comentado tus calificaciones y no estamos complacidos.

—¡No lo estamos! —confirmó la señora Eliot, rompiendo en llanto.

—He decidido que debe hacerse algo. Te digo que si tu abuelo viviera, te habría encerrado en el refrigerador colgado de los pies. ¡Eso me hacía si tan sólo me atrevía a estornudar sin pedir permiso! Pero he decidido ser menos severo contigo.

—¡Tu padre es un ángel! —dijo la señora Eliot mientras se sonaba la nariz con su pañuelo de encaje.

—Decidí, en lo que a ti se refiere, cancelar la Navidad este año. No habrá árbol, ni regalos, ni pavo, ni nieve.

—¿No habrá nieve? —preguntó la señora Eliot.

—No en nuestro jardín. Si nieva, la quitaré de inmediato. Ya arranqué el 25 de diciembre de mi agenda. Esta familia pasará directamente del 24 al 26 de diciembre. Sin embargo, tendremos dos veintisiete de diciembre para ajustar el calendario.

—No entiendo —dijo la señora Eliot.

—No interrumpas, preciosa —dijo el señor Eliot, asestándole un golpe con una cuchara—. Si no fuera por tu madre —continuó— te habría dado una soberana paliza. Permíteme decirte que no hay suficientes correctivos en esta casa. A mí me pegaban todos los días cuando era niño y eso no me hizo ningún daño.

—Te hizo un poco de daño —susurró la señora Eliot con voz apenas perceptible.

—¡Tonterías! —el señor Eliot se alejó de la mesa en su silla de ruedas eléctrica—. Me convirtió en el hombre que soy.

—Pero, querido, no puedes caminar…

—Un precio pequeño por modales tan perfectos.

Encendió el motor de su silla y se acercó a David con un leve y silbante resuello.

—¿Y bien…? —preguntó—. ¿Tienes algo que decir?

David respiró hondo. Había temido ese momento toda la tarde.

—No puedo regresar —dijo.

—¿No puedes o no quieres?

—No puedo.

David sacó de su bolsillo una carta arrugada y se la dio a su padre.

—Iba a decírtelo —murmuró—. Me expulsaron.

—¿Expulsado? ¡Expulsado!

Edward Eliot se hundió en su silla de ruedas. Su mano golpeó accidentalmente los controles y la silla salió disparada hacia atrás contra la chimenea, en tanto que Eileen Eliot, a punto de tomar un sorbo de vino, soltó un chillido ahogado y volcó la copa de vino sobre su vestido.

—De todos modos no me gustaba ese lugar —dijo David.

En circunstancias normales ni siquiera se habría atrevido a mencionarlo. Pero ya estaba metido en tantos problemas que uno más difícilmente empeoraría la situación.

—¿No te gustaba? —gritó su padre, mientras se echaba encima una jarra de agua para apagar el fuego—. ¡El Colegio Beton es el mejor internado del país! ¡Las personas más distinguidas asisten a Beton! ¿Tienes idea de cuánto me cuesta que estés ahí? ¡Doce mil libras! Yo fui a Beton. Tu abuelo asistió a Beton. Tu bisabuelo estuvo en Beton, ¡dos veces de tanto que le gustó! ¡Y ahora tú vienes a decirme a mí…!

Su mano tropezó con el cuchillo trinchador y lo hubiera lanzado contra su único hijo varón de no haber sido porque la señora Eliot se echó sobre él, recibiendo quince centímetros de acero inoxidable en el pecho.

—¿Por qué no te gustaba? —le gritó mientras su madre, resbalándose, cayó en la alfombra.

David tragó saliva. Con el rabillo del ojo había ubicado la puerta. Si las cosas se ponían realmente mal, tendría que salir volando a su cuarto.

—Me parece una escuela tonta —dijo—. Nunca me gustó tener que decir buenos días en latín a los maestros. No me gustaba limpiar las botas de otros niños, ni usar sombrero alto y colas de pingüino, ni tener que comer en un solo pie, sólo por tener menos de trece años. No me gustaba que no hubiera niñas, me pareció muy raro. Y no me gustaba ninguna de sus reglas tontas. Cuando me expulsaron, delante de toda la escuela me cortaron la corbata a la mitad y pintaron mi saco de amarillo…

—¡Pero ésa es la tradición! —gritó el señor Eliot—. De eso se tratan los internados. A mí me encantaba eso de Beton. Nunca me importó que no hubiera niñas. Cuando me casé con tu madre ni siquiera sabía que era mujer. ¡Me tomó diez años descubrirlo!

Se agachó y sacó el cuchillo del pecho de su esposa, para abrir con él la carta, que decía:

Querido señor Eliot:

Me apena profundamente tener que comunicarle que me he visto forzado a expulsar a su hijo David, por su socialismo constante y voluntario.

Quid te exempta iuvat spinis de pluribus una?

Atentamente,

El director del Colegio Beton

—¿Qué dice? —gimió la señora Eliot mientras se levantaba del suelo.

—¡Socialismo! —el señor Eliot sostenía la carta entre dos manos temblorosas, que se separaron abruptamente al romper la hoja de papel por la mitad; su codo alcanzó a su esposa, en el ojo.

—No quiero ir a un internado —dijo David—. Quiero ir a una escuela común y corriente con gente común y corriente y…

No alcanzó a decir más. Su padre había oprimido los controles de su silla y ahora se dirigía a toda velocidad hacia él blandiendo el cuchillo trinchador, mientras su madre gritaba de dolor, como si la hubiera arrollado. David saltó hasta la puerta, la abrió y la azotó tras él.

—Si yo le hubiera hablado así a mi padre, me habría hecho beber un galón de gasolina y luego…

Fue todo lo que escuchó. Llegó a su cuarto y se tiró en la cama. A sus oídos llegaba un ruidero de platos rotos y los gritos amortiguados de sus padres que se culpaban uno al otro por lo sucedido.

Todo había terminado. De hecho, no había sido tan terrible como pensó. Pero tumbado a solas, en la oscuridad de su cuarto, David no pudo evitar que lo asaltara la idea de que lo peor aún no había sucedido.

El folleto

A la mañana siguiente, un poco de cordura había vuelto al hogar de la familia Eliot y, aunque David aún no se atrevía a abandonar la seguridad de su recámara, sus padres ya estaban sentados en el antecomedor, como si nada hubiera pasado.

—¿Ya te sientes mejor, mi platito de nueces, avena, fruta seca y hojuelitas de trigo integral? —preguntó tiernamente la señora Eliot.

—No somos granola —contestó el señor Eliot, mientras se servía un poco de ella—. ¿Cómo sigues de tu puñalada, mi amor?

—No duele tanto, mi vida. Gracias.

Comieron su cereal en silencio. Como siempre, el señor Eliot leyó la sección financiera del periódico de principio a fin, rechinando los dientes, resoplando y sonriendo nerviosamente cada vez que descubría cuáles de sus clientes habían caído en bancarrota ese día. Del otro lado de la mesa, la señora Eliot, vestida con una bata de color rosa brillante y con tubos del mismo color en la cabeza, oculta tras la sección de sociales, vertía un poco de vodka en su plato de cereal. Le gustaban los desayunos en coctel.

No fue sino hasta que comenzaron a comer huevos pasados por agua que se acordaron de David. El señor Eliot cascaba el suyo con la cuchara cuando, de repente, sus ojos centellearon y su bigote se estremeció.

—David... —gruñó.

—¿Quieres que lo llame? —preguntó la señora Eliot.

—¿Qué vamos a hacer con ese muchacho?

El señor Eliot golpeó nuevamente el huevo... demasiado fuerte esta vez; el huevo explotó, salpicando a su mujer con pedazos de cascarón. El señor Eliot suspiró profundamente, tiró la cuchara y perforó el periódico.

—Siempre confié en que seguiría mi carrera y entraría a la banca —dijo—. Por eso le compré una calculadora de bolsillo cuando tenía siete años y un portafolios cuando cumplió ocho. Cada Navidad, desde hace diez años, lo llevo a la bolsa de valores como un regalo muy especial. ¿Y qué he recibido a cambio? ¿Eh...? ¡Expulsado! —el señor Eliot cogió el periódico y lo hizo trizas—. ¡Qué fracaso! ¡Estoy acabado!

Justo en ese momento se oyó un ruido desde la entrada principal: el correo acababa de llegar. La señora se levantó y fue a ver lo que había llegado, lo cual no impidió que el señor Eliot siguiera hablando.

—Si tan sólo pudiera encontrar una escuela que lo metiera en cintura —murmuró—. No uno de esos institutos modernos sino uno donde todavía se crea en la disciplina. ¡Cuando yo era joven, sabía muy bien lo que significaba disciplina! En estos días, la mayoría de los niños ni siquiera sabe cómo se escribe. ¡Azotes, azotes, azotes! ¡Eso es lo que necesitan! ¡Una probadita de bambú en el trasero…!

La señora Eliot regresó al desayuno con el montón de cuentas de siempre, además de un sobre grande de color café.

—Granja Groosham —dijo la señora, intrigada.

—¿Qué?

—Eso dice aquí —contestó, al tiempo que le extendía el sobre de color café—. Viene de Norfolk.

El señor Eliot agarró un cuchillo y la señora Eliot de un clavado se metió debajo de la mesa, pensando que nuevamente lo usaría contra ella; pero, en vez de eso, su marido abrió el sobre antes de sacar su contenido.

—¡Qué raro! —murmuró.

—¿De qué se trata, mi amor? —preguntó nerviosa la señora Eliot, asomándose por el borde de la mesa.

—Es un folleto… de una escuela para varones —el señor Eliot rodó su silla hacia la ventana por donde entraba el sol—. Pero, ¿cómo supieron que estamos buscando una nueva escuela para David?

—Quizá les avisaron del Colegio Beton —sugirió su esposa.

—Supongo…

El señor Eliot abrió el folleto y una carta se deslizó de su interior; la desdobló y la leyó en voz alta:

Querido señor Eliot:

¿Se ha preguntado dónde encontrar una escuela que meta en cintura a su hijo? No uno de esos lugares modernos sino un sitio donde todavía se crea en la disciplina. ¿Alguna vez le ha preocupado que en estos días la mayoría de los niños ni siquiera pueden escribir disciplina…?

El señor Eliot bajó la carta.
—¡Cielos! —dijo—. ¡Es asombroso!
—¿Qué pasa? —preguntó la señora Eliot.
—¡Yo estaba diciendo exactamente lo mismo hace un momento! ¡Casi palabra por palabra…!
—¿Qué más dice?
El señor Eliot levantó la carta.

Permítanos entonces mostrarle la Granja Groosham. Como podrá usted ver en el folleto que anexamos, nuestra escuela es un internado de tiempo completo y ofrece un ambiente único para jóvenes entre doce y dieciséis años que han demostrado no poder adaptarse a los métodos educativos modernos.
La Granja Groosham se encuentra situada en su propia isla

frente a las costas de Norfolk. No hay servicio regular de transbordador a la isla, así que tampoco hay vacaciones regulares. De hecho, sólo se permite a los alumnos un día de vacaciones al año. Nunca se invita a los padres a visitar la escuela, excepto en ocasiones especiales —y sólo si pueden nadar—.

Estoy seguro de que las excelentes instalaciones y altos niveles educativos de la Granja Groosham serán sumamente benéficos para su hijo. Espero recibir su respuesta en la próxima media hora.

Atentamente,
Juan Tragacrudo
Subdirector de la Granja Groosham

—¿Media hora? —exclamó la señora Eliot—. ¡Es muy poco tiempo para tomar una decisión!

—¡Mi decisión ya está tomada! —dijo terminante el señor Eliot—. ¡Un solo día de vacaciones al año! Es la cosa más razonable que he oído jamás.

Hojeó el folleto que, curiosamente, no tenía fotos y estaba escrito con tinta roja en una especie de pergamino.

—¡Escucha esto! Enseñan de todo… con un énfasis especial en química, historia antigua y estudios religiosos. Tiene dos laboratorios de idiomas, una sala de cómputo, un gimnasio totalmente equipado y es la única escuela en el país con su propio cementerio —golpeó la página emocionado—. Imparten teatro, música, cocina, modelado… y tienen hasta una clase de astronomía.

—¿Para qué querrán dar clases en una abadía? —preguntó la señora Eliot.

—Dije astronomía, el estudio de las estrellas… ¡no seas ridícula! —el señor Eliot enrolló el folleto y con él le dio a su esposa—. Esto es lo mejor que ha sucedido en toda la semana… Pásame el teléfono.

El señor Eliot marcó el número telefónico al final de la carta. Primero se oyó un zumbido, después varios chasquidos. La señora Eliot suspiró. Su marido siempre zumbaba y chasqueaba cuando se exaltaba. Cuando se ponía realmente de buen humor, también silbaba por la nariz.

—¿Bueno? —dijo, una vez que logró comunicarse—. ¿Puedo hablar con Juan Tragacrudo?

—Habla el señor Tragacrudo —su voz era suave, casi un susurro—. Supongo que usted es el señor Eliot, ¿no es así?

—Sí, sí, soy yo. ¡Tiene usted toda la razón! —el señor Eliot estaba azorado—. Recibí su folleto esta mañana.

—¿Y ya tomó una decisión?

—Por supuesto. Deseo inscribir a mi hijo lo más pronto posible. Aquí entre nos, señor Tragacrudo, David es una gran desilusión para mí. Una desilusión completa. Durante años tuve la esperanza de que siguiera mis pasos, o por lo menos las huellas de mi silla de ruedas, ya que no puedo caminar, pero, aunque ya casi tiene trece años, parece totalmente desinteresado por los temas financieros.

—No se preocupe, señor Eliot —la voz al otro lado de la línea carecía de matices—. Después de algunos periodos escolares en la Granja Groosham, estoy seguro de que usted verá a su hijo convertido en... una persona un tanto diferente.

—¿Cuándo puede empezar? —preguntó el señor Eliot.

—¿Qué le parece hoy?

—¿Hoy?

La señora Eliot estiraba el cuello para escuchar por el auricular. El señor Eliot se lo lanzó, golpeándola detrás de la oreja.

—Disculpe, señor Tragacrudo —se excusó mientras su mujer salía volando—. ¿Eso...? Fue sólo la cabeza de mi esposa... ¿Dijo usted hoy?

—Sí. Hay un tren que sale de la calle Liverpool rumbo a King's Lynn a la una de la tarde. Otros dos alumnos lo tomarán también. David puede viajar con ellos.

—¡Maravilloso! ¿Quiere que vaya yo también?

—¡Oh, no, señor Eliot! —masculló el subdirector de la escuela—. No aprobamos la presencia de los padres aquí en Groosham. Hemos descubierto que nuestros alumnos responden con mayor rapidez si están completamente alejados de su casa y de su familia. Pero, claro, si en verdad quiere usted hacer el largo y tedioso viaje…

—¡No, no! Lo mandaré en un taxi a la estación de trenes. Aunque, pensándolo bien, mejor lo mandaré en autobús.

—Entonces, esperamos verlo esta tarde. Adiós, señor Eliot. El teléfono quedó mudo.

—¡Lo aceptaron! —exclamó entusiasmado el señor Eliot. La señora Eliot le acercó el aparato telefónico y él colgó de golpe el auricular, machucando sin querer tres dedos de la mano de su mujer.

En ese preciso momento la puerta se abrió y David entró vestido con una camiseta y pantalones de mezclilla. Nervioso, ocupó su lugar en la mesa y tomó la caja de cereal, al tiempo que su padre rodó disparado hacia él y de un manotazo le arrebató la caja, lanzando una lluvia de granola sobre sus hombros. La señora Eliot, mientras tanto, sumergía sus dedos lastimados en la leche. David suspiró. Al parecer, tendría que olvidarse del desayuno.

—No hay tiempo para comer —sentenció el señor Eliot—, tienes que subir a empacar.

—¿Adónde voy? —preguntó David.

—Vas a una escuela maravillosa que encontré para ti. Una escuela perfecta. Una escuela gloriosa.

—Pero ahora no hay clases… —dijo David.

—Las clases nunca terminan —contestó su padre—. Eso es lo maravilloso del asunto. Empaca a tu madre y dale un beso de despedida a tu ropa. ¡No! —dijo a la vez que se daba de frente contra la mesa—. Besa a tu madre y empaca tu ropa. Tu tren sale a la una.

David miró a su madre, quien se había soltado a llorar otra vez. Si lo hacía porque se iba, porque le dolían los dedos o porque de algún modo su mano quedó atorada en la jarra de la leche, no lo sabría decir. Obviamente no tenía ningún caso discutir. La última vez que intentó hacerlo su padre lo encerró en su cuarto y clavó la puerta al marco. Fueron necesarios dos carpinteros, el cuerpo de bomberos y una semana de trabajo para abrirla otra vez. Así que, en silencio, se levantó y salió del cuarto.

Empacar no le tomó mucho tiempo. No tenía uniforme para la nueva escuela ni idea de qué libros llevar. No estaba contento pero tampoco triste. Después de todo, su padre ya había cancelado la Navidad y, como quiera que fuera, la escuela no podría ser peor que su casa en el paseo Wiernotta. Pero mientras doblaba su ropa sintió algo extraño. Alguien lo observaba, lo podría asegurar.

Cerró su maleta, se acercó a la ventana y miró hacia afuera. Desde su cuarto se veía el jardín, que era todo de plástico, pues su madre era alérgica a las flores. Y ahí, parado en medio del pasto de plástico, lo vio. Era un cuervo o tal vez un grajo. Fuera lo que fuera, se trataba del pájaro más grande que había visto nunca. Era negro como boca de lobo y las plumas colgaban de su cuerpo como un manto andrajoso. Miraba hacia la recámara, con sus ojos brillantes fijos en él.

David se inclinó para abrir la ventana. Al mismo tiempo, el pájaro soltó un graznido chillante y fantasmal y se elevó por los aires. David lo vio alejarse volando por encima de los techos de las casas. Luego se dio la media vuelta y se preparó para salir.

Compañeros de viaje

David llegó a la estación de la calle Liverpool a las doce en punto. Fiel a su palabra, su padre lo había mandado en autobús. Su madre tampoco lo acompañó. Le había dado un ataque de histeria en la puerta de su casa y el señor Eliot tuvo que romperle una botella de leche en la cabeza para tranquilizarla. Así que David iba solo, arrastrando su maleta por los pasillos de la estación hasta la fila de los boletos.

Era una larga fila... más larga incluso que los trenes que la gente esperaba abordar. David esperó más de veinte minutos antes de llegar a la ventanilla. Era casi la una y tuvo que correr para alcanzar su tren. Había un asiento reservado para él —la escuela se encargó del trámite—, y en cuanto puso su maleta en el portaequipaje y se sentó, el silbato sonó y el tren comenzó a moverse. Con la cara pegada al vidrio, miró hacia afuera. Lentamente el tren fue tomando velocidad y la ciudad de Londres corrió temblorosa y repiqueteante delante de sus ojos. Había comenzado a llover. Si David fuera sentado en una carroza fúnebre de camino a su propio entierro la escena difícilmente sería más lúgubre.

Media hora después ya habían pasado los suburbios y el tren corría a toda velocidad por paisajes monótonos —todos los paisajes se ven iguales a través de la ventana de un tren, sobre todo cuando la ventana está cubierta por una gruesa capa de polvo—. David no había tenido tiempo de comprarse un libro o una revista y de todas maneras sus padres no le habían dado ni un centavo. Desenfadado, se desplomó en su asiento y se preparó para permanecer sentado las tres horas de viaje hasta King's Lynn.

Entonces se dio cuenta de que había otras dos personas en el compartimento, ambas de su misma edad, ambas con el mismo aspecto aburrido de él. Uno era un niño rollizo, con anteojos redondos de aro delgado. Sus pantalones probablemente formaban parte de un uniforme escolar. Llevaba un suéter grueso, tejido con tanta lana que parecía como si trajera al borrego dentro. Su cabello, largo y negro, estaba esponjado y alborotado, como si acabara de sacar la cabeza de la lavadora. Tenía en la mano un chocolate a medio comer y el relleno se escurría entre sus dedos.

La otra viajera era una niña. Tenía la cara redonda, más bien de niño; pelo castaño, corto, y ojos azules. En cierta forma, era muy bonita, pensó David, o podría serlo si su ropa no fuera tan rara. El suéter que llevaba podría haber pertenecido a su abuela; su pantalón, a su hermano. Y su abrigo, debería regresarlo inmediatamente a quien se lo había dado, pues le quedaba grande varias tallas. Leía una revista. David miró disimuladamente la portada y se sorprendió de que fuera *Cosmopolitan*; su madre nunca permitiría un *Cosmopolitan* en su casa, pues decía que no aprobaba a "esas mujeres modernas"; pero entonces, claro, su madre era virtualmente prehistórica.

La niña fue quien rompió el silencio.

—Me llamo Julia —dijo.

—Yo soy David.

—Yo J… J… Jeffrey —por alguna razón, no resultaba extraño que ese niño gordo tartamudeara.

—Supongo que van a la Granja Guácala —dijo Julia, y cerró su revista.

—Me parece que se llama Groosham —dijo David.

—Estoy segura de que será grotesca —insistió Julia—. Es mi cuarta escuela en tres años y es la única donde no hay vacaciones.

—U… u… un día al año —tartamudeó Jeffrey.

—U… u… *un* día va a ser suficiente para mí —dijo Julia—. En cuanto lleguemos me escaparé.

—¿Te irás nadando? —preguntó David—. Recuerda que es una isla.

—Nadaré hasta Londres si es preciso —sentenció Julia.

Ya roto el hielo, los tres comenzaron a hablar, cada uno contó su propia historia para explicar cómo habían terminado en un tren rumbo a la costa de Norfolk. David fue el primero. Les habló del Colegio Beton, de cómo había sido expulsado y de cómo sus padres recibieron la noticia.

—Yo también estaba en un internado —dijo Jeffrey—, y también me expulsaron. Me ag… g… garraron echando humo detrás del pabellón de cricket.

—Fumar es tonto —dijo Julia.

—No fue m… m… mi culpa. El más abusivo de la escuela me prendió fuego —Jeffrey se quitó los lentes y los limpió con la manga—. Siempre me m… m… molestaban porque soy gordo y uso anteojos y soy tartam… m… mudo.

El internado al que iba Jeffrey se llamaba Héroes de la Inmisericordia. Estaba en el norte de Escocia y sus padres lo habían mandado ahí esperando que se volviera rudo. Y el sistema educativo resultó duro en verdad: baños de agua fría, carreras de diez kilómetros, avena catorce veces a la semana —y eso sólo para el personal de la escuela—. En Héroes de la Inmisericordia los alumnos tenían que hacer cincuenta lagartijas antes del servicio religioso matutino y veintiún más durante él. El director usaba en clase una piel de leopardo y el maestro de gimnasia iba en bicicleta a la escuela todos los días, lo cual era francamente digno de mención, dado que vivía a más de cien kilómetros de ahí.

El pobre Jeffrey fue incapaz de mantener el ritmo y el último día de clases fue para él de verdad el último. A la mañana siguiente de que lo expulsaron, su padre recibió un folleto de la Granja Groosham. La carta que lo acompañaba era muy diferente de la de David; en ella se describía la escuela como un complejo deportivo, un salón de masajes y un campo de entrenamiento militar, todo en uno.

—Mi papá también recibió una carta —dijo Julia—, pero en ella le decían que la Granja Groosham era un lugar con mucha clase; que aprendería buenos modales, bordado y ese tipo de cosas.

El padre de Julia era diplomático y trabajaba en América del Sur. Su madre era actriz. Ninguno de los dos estaba nunca en casa y sólo hablaba con ellos por teléfono. Una vez, su madre se topó con ella en la calle y ni siquiera la reconoció. Pero, al igual que los padres de David, estaban empeñados en dar a su hija una buena educación y la habían enviado a no menos de tres internados.

—Me escapé de los dos primeros —explicó Julia—; el tercero era una especie de internado para señoritas en Suiza. Me enseñaban a hacer arreglos florales y a cocinar, pero no tenía remedio. Las flores se marchitaban antes de que pudiera hacer los arreglos y le di comida envenenada al maestro de cocina.

—¿Y qué pasó? —preguntó David.

—La escuela dijo que no había manera de que yo permaneciera allí. Me mandaron a casa. Y fue entonces cuando llegó la carta.

El padre de Julia aprovechó la oportunidad. De hecho, tomó el primer avión y volvió a América del Sur. Su madre ni siquiera se presentó. Le acababan de dar un papel en una pantomima navideña y estaba demasiado ocupada para enterarse del asunto. Su nana alemana fue quien hizo todos los arreglos sin entender realmente de qué se trataba. Y eso fue todo.

Para cuando terminaron de contar sus historias, David se dio cuenta de que los tres tenían algo en común. De uno u otro modo todos eran niños "problema". Pero aun así, no tenían la menor idea de qué esperar de la Granja Groosham. En la carta a sus padres la describían como una anticuada escuela para varones; a los padres de Jeffrey les habían dicho que se trataba de una especie de campo de entrenamiento militar; mientras que los padres de Julia pensaron que enviaban a su hija a un colegio exclusivo para señoritas.

—Puede que se trate de tres lugares completamente distintos —dijo David—, pero que sea la misma escuela.

—Y además hay otra cosa r… r… rara —agregó Jeffrey—. Se supone que está en una isla cerca de N… N… Norfolk, pero consulté el mapa y no hay ninguna isla ahí. Ninguna.

Los tres se quedaron pensando en ello sin pronunciar palabra. El tren se había detenido en una estación y en el pasillo se escuchó el bullicio de la gente que subía y bajaba. Entonces David habló:

—Miren. Por mala que sea esta Granja Groosham, al menos vamos juntos. Así que debemos hacer un pacto. Permaneceremos juntos... Nosotros contra ellos.

—¿Cómo los tres m... m... mosqueteros? —preguntó Jeffrey.

—Algo así. No le diremos a nadie. Será como una sociedad secreta. Y, pase lo que pase, siempre tendremos dos personas en quien confiar.

—Yo de todos modos me voy a escapar —murmuró Julia.

—A lo mejor te acompañamos. Así por lo menos podremos ayudarte.

—Yo te presto mi traje de baño —dijo Jeffrey.

Julia echó un vistazo a la rechoncha cintura del niño y pensó que su traje de baño probablemente le sería de mayor utilidad si lo usara como paracaídas para saltar de un avión. Pero se guardó sus pensamientos.

—Muy bien —asintió—. Nosotros contra ellos.

—Nosotros contra ellos —David extendió la mano y los tres las chocaron. Luego se abrió la puerta del compartimento y entró un hombre joven. Lo primero que David advirtió fue su cuello blanco de vicario; lo segundo, que llevaba una guitarra.

—¿Está desocupado? —les preguntó señalando con la cabeza uno de los asientos vacíos.

—Sí —David hubiera preferido mentir. Lo último que necesitaba en ese momento era un cura cantor. Pero era obvio que viajaban solos.

El joven entró en el compartimento, irradiando alegría frente a ellos de esa manera en que algunas personas muy religiosas lo hacen. No puso su guitarra en el portaequipaje sino que la dejó en el asiento opuesto. Debía andar por los treinta, con mejillas sonrosadas, cabello rubio, barba y dientes muy relucientes. Además del collarín llevaba un crucifijo de plata, un medallón de San Cristóbal y un broche con un símbolo pacifista.

—Soy el padre Percival —anunció como si alguien estuviera mínimamente interesado en quién era—. Pero pueden llamarme Perci.

David echó un vistazo a su reloj y se lamentó en silencio. Todavía faltaban dos horas para llegar a King's Lynn y todo parecía indicar que el vicario estaba decidido a soltarse a cantar en cualquier momento.

—Y bien, niños, ¿adónde van? —preguntó—. ¿De vacaciones? ¿O van de día de campo?

—Vamos a la e… e… escuela —dijo Jeffrey.

—¿A la escuela? ¡Fabuloso! ¡Genial! —los miró y se dio cuenta de que ninguno de ellos pensaba que fuera ni fabuloso ni genial en absoluto—. ¡Anímense! —exclamó—, la vida es un viaje maravilloso y vas en primera clase cuando viajas con Jesús.

—Pensé que se llamaba Perci —murmuró entre dientes Julia.

—Les diré algo —prosiguió el cura, ignorándola—. Yo sé cómo animarlos, jovencitos —tomó su guitarra y rasgueó las cuerdas que estaban espantosamente desafinadas—. ¿Qué tal unos himnos? Éste lo compuse yo. Se llama "Jesús, tú eres mi amigo" y dice…

Durante la siguiente hora, Perci cantó seis de sus composiciones, después "Firmes y adelante", "En el tren del evangelio viajo yo" y, como casi era Navidad, una docena de villancicos. Por fin se calló y puso la guitarra sobre sus rodillas. David contuvo el aliento, rogando porque el pastor no terminara su presentación con un sermón o, peor todavía, que pasara la charola de las limosnas. Pero, por fortuna, parecía que el cura se encontraba tan exhausto como ellos.

—¿Y cómo se llaman? —preguntó.

Julia le dijo sus nombres.

—¡Súper! ¡Superfabuloso! Y, díganme, Jeff, David y Julita, ¿a qué escuela van?

—A la Granja Groosham —contestó David.

—¿Granja Groosham? —el cura se quedó boquiabierto. En un segundo todo el color de su cara desapareció. Sus ojos se hincharon y una de sus mejillas, que había perdido por completo su color sonrosado, se contrajo. Luego susurró:

—¿Granja Groosham?

Todo él comenzó a temblar. Lentamente, su rubio cabello primero se encrespó y luego se erizó.

David lo observaba. El hombre estaba aterrorizado. Nunca había visto a nadie tan atemorizado. ¿Qué había dicho? Sólo había mencionado el nombre de su escuela, pero ahora el cura lo veía como si fuera el mismísimo diablo.

—Groosss… —el cura trató de pronunciar aquel nombre por tercera vez, pero parecía como si las palabras se le hubieran quedado atoradas en los labios y siseó como balón desinflado. Los ojos como pelotas se le salían de sus órbitas. El cuello se le puso morado y, por la forma en que su cuerpo se convulsionaba, era evidente que no podía respirar—: …sss —el siseo se desvaneció.

Se llevó las manos engarrotadas y temblorosas hasta el corazón. Entonces se derrumbó, cayendo al piso con un golpe y un ruidero de cuerdas rotas.

—Caray —dijo Julia—. Creo que está muerto.

La Isla Cadavera

El sacerdote había sufrido un ataque cardiaco masivo, pero en realidad no había muerto. El guardia llamó por teléfono y en King's Lynn un maletero con su carrito esperaba a Percival para llevarlo a la ambulancia que aguardaba por él. También había alguien que esperaba a David, Julia y Jeffrey. Un vistazo al hombre que había venido a recogerlos habría sido suficiente para que los tres se subieran gustosos a la ambulancia.

Aquel hombre era tan deforme que si sufriera un accidente automovilístico y después cayera dentro de una trituradora industrial, su apariencia mejoraría considerablemente. Medía aproximadamente un metro y medio de alto —o más bien metro y medio de bajo, pues su cabeza estaba más cerca del suelo que de sus hombros—; esto se debía en parte al hecho de que parecía tener el cuello roto y en parte a la joroba. Tenía un solo ojo varios centímetros más abajo de donde debería estar, un cachete hinchado y el pelo escurrido. Llevaba una chaqueta suelta de piel y pantalones holgados. La gente que caminaba por la estación hacía tal esfuerzo por no voltear a verlo que una pobre mujer cayó accidentalmente de la plataforma. La verdad es que era muy difícil tratar de ver cualquier otra cosa. Sostenía un letrero que decía "Granja Groosham". Con el corazón saliéndosele del pecho, David se acercó a él, seguido de Jeffrey y Julia.

—Mi nombre es Gregor —dijo con un gorgoteo—. ¿Tuvieron un viaje placentero?

David tuvo que esperar a que le repitiera la pregunta, pues había sonado como "*¿Tufierron ung fiafe placengterro?*" Cuando al fin entendió, David asintió con la cabeza pues no podía articular palabra.

—Traigan su equipaje, jóvenes amos —gorgoteó Gregor—. El coche está afuera.

El coche era una carroza fúnebre.

La habían repintado y puesto el nombre del instituto en uno de los lados, pero no pudieron disimular su forma: la larga y plana parte trasera donde debieron haber viajado los cargamentos para los que había sido diseñada. El arreglo tampoco engañaba a las personas que en ese momento se encontraban en la calle. Durante el recorrido hacia su nueva escuela, los tres niños veían cómo la gente se detenía a su paso, quitándose el sombrero como muda señal de respeto. David se preguntó si no estaría a mitad de una espantosa pesadilla y si no despertaría en cualquier momento en su cama del paseo Wiernotta. Discretamente se pellizcó un brazo. No pasó nada. El jorobado lanzó claxonazos y palabrotas a una camioneta que pasó junto a ellos. La carroza cruzó como rayo un semáforo en rojo.

Gregor era chofer particular; de hecho, era un chofer muy particular. Por su altura y la forma de su cuerpo, apenas podía ver por encima del volante. Cualquiera que lo mirara desde la calle supondría que el automóvil se manejaba solo. Era un milagro que no hubieran chocado. David, sentado en el asiento delantero, se sorprendió a sí mismo mirando al hombre y se sonrojó cuando Gregor volteó hacia él y le sonrió con una mueca.

—¿Se pregunta usted cómo es que llegué a tener este aspecto, joven amo? —dijo—. Así nací, nací todo contrahecho. A mi madre le dio el telele cuando me vio. ¡Pobre madre mía! ¡Pobre Gregor! —dio un volantazo para esquivar una glorieta—. Cuando yo tenía la edad de ustedes, intenté conseguir trabajo en un espectáculo de fenómenos —siguió—, pero dijeron que estaba sobrecalificado para el puesto. Así que me volví el conserje de la Granja Groosham. Me encanta la Granja Groosham. A usted le encantará, joven amo. Todos los jóvenes amos adoran la Granja Groosham.

La ciudad ya había quedado atrás y viajaban por la carretera costera hacia el Norte. Después de eso, David debió quedarse dormido, pues, cuando se dio cuenta, el cielo ya estaba oscuro y parecía como si estuvieran cruzando el mar, como si el vehículo avanzara sobre verdes y oscuras olas. Se frotó los ojos y miró a través de la ventanilla. No era el mar sino un campo enorme y llano. Las olas eran en realidad hierba agitada por el viento. Era un campo baldío, pero a la distancia se alzaba un enorme molino de viento; sus blancos tablones reflejaban los últimos rayos solares. David se estremeció. Gregor había encendido la calefacción del coche, pero aun así podía sentir la desolación del paisaje arrastrándose por debajo del colchón de aire caliente.

Entonces vio el mar. El camino por el que viajaban —apenas más ancho que una brecha— terminaba en un muelle de madera desvencijado. Medio oculto por la hierba, los esperaba un bote. Era una vieja lancha de pescar toda cubierta de moho y liquen. Tras ella se formaban burbujas de humo negro en el agua. En la cubierta había un montón de cajas tapadas con una red sucia. Una gaviota volaba en círculos encima del bote, canturreando con suavidad como para sí misma. David no podía sentirse peor.

Gregor detuvo el coche.

—Hemos llegado, jóvenes amos —anunció.

Tomaron sus maletas, descendieron del coche y se quedaron temblando en medio de la brisa. David estuvo atento al camino por el que habían llegado, pero, después de algunas vueltas y curvas, la brecha desaparecía, así que se dio cuenta de que podían haber venido de cualquier lado. Se encontraba en un campo en algún lugar de Norfolk con el Mar del Norte frente a él.

Si no fuera por el molino de viento, podría estar en China y no hubiera habido ninguna diferencia.

—Encantador, ¿no creen? —dijo Julia.

—¿Dónde estamos? —preguntó David.

—Sabe Dios. El último pueblo que vi se llamaba Hunstanton, pero eso fue hace media hora —dijo la niña mientras se acomodaba el suéter sobre los hombros—. Sólo espero que lleguemos pronto.

—¿Por qué?

—Porque mientras más pronto lleguemos, más pronto podré escaparme.

Un hombre saltó de la lancha. Llevaba botas altas y un suéter de pescador. Su cara estaba oculta casi por completo detrás de una barba negra, tan negra como sus ojos que brillaban tras un enmarañado mechón de cabellos. Una arracada de oro colgaba de su oreja izquierda. Si llevara una espada y un parche en el ojo se podría pensar que había salido de *La isla del tesoro*.

—Llegas tarde, Gregor —dijo.

—El tránsito estaba muy pesado, capitán Malasangre.

—Pues la marea está peor. Éstas son aguas traicioneras, Gregor. Mareas y vientos traicioneros —lanzó un escupitajo al mar—. Y yo tengo una esposa traicionera que me espera en casa, así que vámonos —soltó el amarre del muelle—. ¡Todos a bordo! —gritó—. ¡Tú… niño! Leva el ancla.

David obedeció, pero el ancla pesaba demasiado, así que con mucho esfuerzo apenas pudo levantarla. Poco después se alejaban del muelle. El motor tosía, farfullaba y echaba humo, al igual que el capitán Malasangre. Gregor estaba parado a su espalda. Los tres niños se acurrucaron juntos en la parte trasera del bote. Para entonces, Jeffrey ya había adquirido un desagradable color verde.

—No tengo m… m… mucho de marinero —murmuró.

El capitán alcanzó a oírlo.

—¡No te preocupes! —dijo con una sonrisa burlona—. Esto tampoco tiene mucho de bote.

Un manto de niebla se arrastró por la superficie del agua. Sus dedos blancos y fantasmales se metieron en la lancha, cubriéndola. En un instante el cielo desapareció y todos los sonidos —la gaviota, el motor, el chapoteo de las olas— se amortiguaron. Luego, tan rápido como llegó, la niebla se desvaneció. Y la Isla Cadavera apareció frente a ellos.

Tenía aproximadamente tres kilómetros de largo y uno y medio de ancho. En el lado este había un espeso bosque; en el extremo sur, un acantilado emergía abruptamente de las espumeantes aguas, blanco lechoso en la punta y de un anaranjado lodoso en la base. Una lengua de tierra se extendía frente al

acantilado y hacia ese lugar el capitán Malasangre dirigió la lancha. Ahí había otro muelle y cerca de él estaba estacionado un *jeep* sin toldo. Pero no había comité de bienvenida ni rastro alguno de la escuela.

—Preparado con el ancla —gritó el capitán.

Suponiendo que se refería a él, David la tomó. Malasangre giró el timón, viró abruptamente en reversa y gritó. David arrojó el ancla. Jeffrey yacía enfermo sobre un costado de la lancha.

Habían llegado a su destino.

—Por aquí, jóvenes amos. Ya no falta mucho, sólo un breve viaje en coche.

Gregor fue el primero en bajar a tierra y caminaba delante de ellos dando grotescos saltitos. Jeffrey lo seguía arrastrando su maleta con pasos inseguros. David se detuvo para esperar a Julia. La niña observaba al capitán Malasangre que ya había levantado el ancla e iniciaba su camino de regreso.

—¿Qué esperas? —le dijo.

—Podemos necesitar esa lancha uno de estos días —murmuró Julia—. Me pregunto si alguna vez la dejará sola.

—Capitán Malasangre… —David se estremeció—. Es un nombre chistoso.

—¿Sí? ¿Entonces por qué no me río? —Julia se dio la media vuelta y echó a andar hacia el *jeep*.

Les tomó cinco minutos llegar a la escuela. El camino, empinado y lleno de curvas, subía hasta la cima del acantilado y luego continuaba por la orilla del bosque. Jeffrey ocupó el asiento delantero junto a Gregor. David y Julia iban sentados en la parte trasera, agarrados hasta con los dientes y rogando por sus vidas. Cada vez que el *jeep* pasaba por una piedra o un bache —de los cuales estaba lleno el camino—, eran lanzados como treinta centímetros y luego caían con un tremendo sentón. Para cuando llegaron a su destino, David ya sabía lo que debe sentirse ser una ensalada. Pero rápidamente olvidó su malestar cuando vio la Granja Groosham.

Era un enorme edificio, más alto que ancho; una mezcla loca de almenas, ventanas con barrotes, torres altas, techos inclinados de pizarra gris, gárgolas con expresiones horribles y espantosas chimeneas de ladrillo. Era como si los arquitectos de la abadía de Westminster, de la estación Victoria y de la refinería de Brixton hubieran revuelto los planos de sus edificios y accidentalmente construido el resultado de aquella revoltura. Cuando el *jeep* se detuvo frente a la puerta (una pieza de madera sólida de cuarenta centímetros de espesor y tachonada con clavos), un trueno retumbó sobre sus cabezas y el látigo de un relámpago chasqueó surcando el cielo.

Se oyó el aullido de un lobo.

Luego, la puerta se abrió lentamente con un rechinido.

El señor Tragacrudo

Había una mujer a la puerta. Por un instante, bajo la luz del relámpago, su cara pareció ser de un lívido color azul. Entonces sonrió y David vio que, después de todo, era humana. De hecho, luego de lo horrorosos que resultaban Gregor y el capitán Malasangre, ella se veía tranquilizadoramente normal. Era pequeña y regordeta, de cara redonda y cabello gris, el cual llevaba recogido en un chongo. Sus ropas eran victorianas, el cuello alto de su vestido estaba cerrado con un broche de plata. Tenía como cincuenta años, la piel arrugada, y sus ojos brillaban detrás de unos espejuelos dorados. Por un momento, a David le recordó a su abuela. Luego se percató del ligero bigote que le crecía sobre el labio superior y concluyó que también le recordaba a su abuelo.

—¡Hola, hola! —canturreó, mientras los niños bajaban del *jeep*—. Tú debes ser David. Tú, Julia, y tú, Jeffrey. ¡Bienvenidos a la Granja Groosham! —se hizo a un lado para dejarlos pasar y luego cerró la puerta detrás de ellos—. Yo soy la señora Windergast —continuó—, prefecta de la escuela. Espero que el viaje no haya sido muy pesado.

—Yo estoy cansado —dijo Gregor.

—No te pregunté a ti, criatura despreciable —espetó—. Me refería a estos queridos, queridísimos niños —dijo, al tiempo que les sonreía—. ¡Nuestros recién llegados!

David recorrió el lugar con la mirada. Se encontraban en un vestíbulo cavernoso, de paredes cubiertas con tableros de madera y cuadros al óleo mohosos. Una amplia escalera ascendía hacia un sombrío corredor. El pasillo estaba iluminado por un candil sin focos; en su lugar, cien velas chisporroteaban y se quemaban en sus bases de bronce; una espesa capa de humo negro opacaba la poca luz que producían.

—Los demás ya están tomando su merienda —dijo la señora Windergast—. Espero que les guste el pastel de sangre —les sonrió por segunda vez, sin darles tiempo de responder—. Bien, dejen su equipaje aquí. Jeffrey y Julia, síganme. David, el señor Tragacrudo quiere verte. Es la primera puerta a la izquierda.

—¿Para qué quiere verme? —preguntó David.

—Para darte la bienvenida, por supuesto —la mujer parecía sorprendida por la pregunta—. El señor Tragacrudo es el asistente del director. Le gusta dar la bienvenida personalmente a los alumnos nuevos, uno por uno. Supongo que mañana verá a los demás.

Julia miró a David y alzó los hombros. Él entendió lo que

trataba de decirle. La señora Windergast podría parecer bastante amistosa, pero había un tono cortante en su voz que daba a entender que era mejor no discutir. Vio cómo Julia y Jeffrey, conducidos por la mujer, salían y se alejaban por un pasillo abovedado; después se encaminó hacia la puerta que la prefecta había indicado. Tenía la boca seca y no sabía por qué.

—Debe ser porque estoy aterrado —murmuró para sí.

Luego tocó la puerta.

Una voz respondió desde el interior de la habitación y David, luego de respirar profundamente, abrió la puerta y entró. Se encontró en un estudio con libros de un lado y pinturas del otro, y en medio un espejo de pared a pared. Había algo muy extraño en ese espejo. David se dio cuenta de inmediato, pero no podía decir exactamente qué era. El vidrio estaba estrellado en una esquina y el marco dorado ligeramente pandeado. Pero no era eso. Había algo más, algo que hacía que se le erizaran los pelos de la nuca como si quisieran salirse de su piel y escapar del cuarto tan rápido como fuera posible.

Con un esfuerzo apartó la mirada. Los muebles del estudio estaban viejos y gastados. No había nada raro en ello. Los maestros siempre parecen rodearse de muebles viejos y gastados; aunque, en este caso, el polvo y las telarañas exageraran la tradición. Al otro lado del cuarto y delante de una cortina de terciopelo rojo, un hombre estaba sentado tras un escritorio leyendo un libro. Cuando David entró, el hombre levantó la vista. Su rostro era inexpresivo.

—Siéntate, por favor —dijo.

No había manera de saber cuántos años tenía aquel hombre. Su piel pálida, como de cera, parecía no tener edad. Iba vestido con un traje negro, camisa blanca y corbata negra. Cuando David se sentó frente al escritorio, el maestro cerró el libro con sus dedos largos y huesudos. Era increíblemente delgado, sus movimientos eran lentos y cuidadosos, como si un soplo de viento, un espasmo de tos o un estornudo pudieran romperlo en cien pedazos.

—Yo soy el señor Tragacrudo —continuó. Las palabras salían de su boca seca como huesos viejos—. Estoy muy contento de verte, David. Estamos felices de que vinieras a la Granja Groosham.

David no estaba feliz en absoluto, pero no dijo nada.

—Te felicito —añadió el señor Tragacrudo—. La escuela podrá parecerte un poco fuera de lo común al principio. Podrá parecerte incluso… anormal. Pero permíteme asegurarte, David, que lo que podemos enseñarte, lo que podemos ofrecerte rebasa tus sueños más estrambóticos. ¿Me entiendes?

—Sí, señor.

El señor Tragacrudo sonrió… si es que se podía llamar sonrisa a esa contracción de labios y al destello de dientes blancos que apareció en su cara.

—No luches contra nosotros, David —dijo—. Trata de entendernos. *Somos* diferentes. Pero tú también lo eres. Por eso has sido elegido. El séptimo hijo de un séptimo hijo. Eso te hace especial, David. Qué tan especial, es algo que pronto descubrirás.

David asintió con la cabeza, al tiempo que buscaba la salida con el rabillo del ojo. No había entendido una palabra de lo que le dijo, pero era obvio que el señor Tragacrudo estaba completamente deschavetado. Era cierto que tenía seis hermanas mayores y seis horrorosas tías (hermanas de su padre) que le llevaban regalos absurdos cada Navidad y que lo estrujaban y pellizcaban cada vez que lo veían, como si fuera de plastilina. Pero eso, ¿por qué lo hacía especial? ¿De qué manera había sido elegido? Nunca se hubiera enterado de la existencia de la Granja Groosham de no haber sido expulsado de Beton.

—Las cosas se te irán aclarando a su debido tiempo —dijo el señor Tragacrudo como si adivinara sus pensamientos.

Y era probable que hubiera leído sus pensamientos. Difícilmente le hubiera sorprendido a David que el subdirector se quitara una máscara y le confesara que provenía del planeta Venus.

—Pero ahora lo importante es que ya estás aquí —continuó—. Llegaste. Te encuentras donde debes estar.

El señor Tragacrudo se levantó y rodeó el escritorio. Había

un segundo libro de pastas negras en el extremo del mueble y, junto a él, una pluma fuente pasada de moda. El hombre lo abrió y después, lamiendo su dedo, fue pasando las hojas una a una. David miró disimuladamente. Por lo que podía ver, el libro parecía contener una lista de nombres escritos con una tinta café. El señor Tragacrudo llegó a una hoja en blanco y tomó la pluma.

—Tenemos una vieja costumbre en la Granja Groosham —le explicó—. Pedimos a los nuevos alumnos que pongan su firma en el registro de la escuela. Contigo y tus dos amigos se completará un total de sesenta y cinco estudiantes que están con nosotros en este momento. Esto es cinco veces trece, David. Un número muy bueno.

David no tenía la menor idea de por qué sesenta y cinco debía ser mejor que sesenta y seis o que sesenta y cuatro, pero decidió no discutir. En vez de ello, extendió la mano para tomar la pluma… y fue entonces cuando sucedió.

En cuanto David extendió la mano, el señor Tragacrudo se adelantó. La filosa punta de la plumilla se encajó en su pulgar, cortándolo. David pegó un grito y se llevó el dedo a la boca.

—Lo siento mucho —dijo el señor Tragacrudo, aunque no se le notaba para nada—. ¿Te lastimaste? Si quieres puedo pedirle a la señora Windergast que revise la herida.

—Estoy bien —dijo David enojado. No porque el señor Tragacrudo quisiera jugar algún tipo de juego con él, pero no soportaba que lo trataran como a un bebé.

—Entonces, quizá serías tan amable de poner tu nombre en la lista —el señor Tragacrudo extendió la pluma que la sangre de David había manchado de un rojo brillante—. No necesitaremos tinta —remarcó.

David tomó la pluma. Buscó un frasco de tinta en el escritorio, pero no había. El subdirector miraba por encima de su hombro y David podía sentir su resuello en la oreja. Lo único que quería en ese momento era salir de ahí, comer algo e irse a la cama. Escribió su nombre; la plumilla trazó líneas rojas en aquel burdo papel blanco.

—Excelente —el señor Tragacrudo tomó la pluma y cerró el libro—. Ya te puedes ir, David. La señora Windergast te espera afuera.

David caminó hacia la puerta, pero la voz del señor Tragacrudo lo detuvo.

—Deseo realmente que seas feliz aquí, David —dijo—. En la Granja Groosham nos preocupamos sinceramente por tus intereses. Estamos aquí para ayudarte. Y una vez que lo aceptes, te lo aseguro, no extrañaras nada. Créeme.

David no le creyó, pero no tenía ninguna intención de discutir en ese momento. Fue hacia la puerta tan rápido como pudo, obligándose a no correr, pues había visto lo que estaba mal con el espejo. Lo descubrió un momento después de firmar su nombre con sangre, cuando se apartó del escritorio.

El espejo reflejaba todo lo que había en el cuarto: el escritorio, los libros, el mobiliario, el mantel y al mismo David. Pero no reflejaba al señor Tragacrudo.

El primer día

7:00 a.m.

Desperté con una campana sonando en mi oreja. El dormitorio está en lo alto de una de las torres de la escuela. Es totalmente circular y las camas están dispuestas como los números en la carátula de un reloj. Yo estoy a las siete en punto (que es también la hora en la que escribo esto). Jeffrey está junto a mí, a las seis en punto. No creo que haya dormido bien. Su almohada está en el piso, sus sábanas están todas revueltas y quién sabe cómo lo logró, pero le hizo un nudo a su cobija. No hay señales de Julia. Las niñas duermen en otra ala del edificio.

7:30 a.m.

Ya me lavé y me vestí. Uno de los niños me enseñó el camino al baño. Me dijo que se llamaba William Rufus, lo cual es un poco extraño pues el nombre en la etiqueta de su piyama es Denis Blakeway. Le pregunté por qué llevaba la piyama de otra persona, pero sólo sonrió como si supiera algo que yo ignoro. ¡Creo que sí sabe algo que yo no sé!

No me agradan los niños de Groosham. No son estirados

como los del Colegio Beton, pero son... diferentes. No se oyen pláticas después de que se apagan las luces. No hay almohadazos. Nada. En el Colegio Beton, a los recién llegados les tocaba dormir en la cama de agua (y era de pura agua, sin colchón). Aquí, nadie parece estar interesado en mi persona. Es como si yo no estuviera aquí (y ojalá no estuviera).

7:45 a.m.

Desayuno. Huevos con tocino. El tocino estaba rancio y estoy seguro de que los huevos no eran de gallina. Se me quitó el apetito.

9:30 a.m.

William Rufus —si de verdad se llama así— me condujo a mi primera clase. William es bajito y flacucho, de nariz respingada y ojos de color azul claro. En Beton sería la clase de niño al que los demás molestan y echan pleito, pero no creo que haya pleitos en la Granja Groosham. Todo el mundo es muy cortés. ¡Es increíble que haya escrito esto! ¿Alguien ha oído hablar antes de escolares corteses?

William y yo tuvimos una extraña discusión de camino al salón de clases.

—Nos toca latín doble —dijo.

—Odio el latín —contesté.

Pensé que tendríamos por lo menos una cosa en común, pero me equivoqué.

—Te va a gustar —me dijo—. La clase la da el señor Tragacrudo y es muy bueno —miró su reloj y añadió—: Mejor nos apuramos, si no, llegaremos tarde.

—¿Cuál es el castigo por llegar tarde? —pregunté.

—No hay castigos en la Granja Groosham.

¿Buenos maestros de latín? ¿Una escuela sin castigos? ¿Me estoy volviendo loco?

Pero el latín doble no resultó tan malo como suena. En Beton nos enseñaban el latín como una lengua muerta y el maestro tampoco se veía muy sano. ¡Pero el señor Tragacrudo lo hablaba fluidamente! ¡Al igual que todos los demás! Al final de la clase todos platicaban como viejos amigos y nadie mencionó siquiera a César o la invasión de la Galia.

Otra cosa extraña. El día estuvo radiante, pero el señor Tragacrudo dio la clase con los postigos cerrados y con una vela en su escritorio. Le pregunté la razón a William Rufus.

—No le gusta el sol —contestó; al menos creo que eso fue lo que dijo. Seguía hablando en latín.

11:00 a.m.

Vi un momento a Julia en el descanso. Le conté de este diario. Ella me contó cómo le había ido hasta ese momento.

Quién sabe por qué está en un grupo distinto al que tenemos Jeffrey y yo.

—Tuve clase de modelado con el señor Oxisso —dijo.

—¿Hicieron ollas? —le pregunté.

—¡Hoyos! Tuvimos que hacer figuras de cera, hombres y mujeres. El maestro les puso cabello de verdad.

Julia me enseñó su pulgar. Tenía una herida igual a la mía. Se había entrevistado con el señor Tragacrudo después del desayuno.

—Yo lo voy a ver después de la comida —dijo Jeffrey.

—Lleva un frasco de tinta —le sugirió Julia.

12:30 p.m.

Inglés con la señorita Pedicure.

La señorita Pedicure debe tener por lo menos cien años. Es medio ciega y completamente calva. Yo creo que lo que la sostiene son las vendas. Parece estar vendada de pies a cabeza. Pude ver cómo se le asomaban las puntas de las vendas bajo las mangas y sobresalían del cuello de su vestido. Tardó quince minutos en llegar a su silla y, cuando se sentó, casi desapareció en una nube de polvo.

La señorita Pedicure tiene dientes perfectos. El único problema es que los conserva en un vaso en la esquina del escritorio.

Nos dio una clase sobre Shakespeare. Por el modo en que se expresa, uno pensaría que lo conoció en persona.

1:15 p.m.

Comida. Estofado. ¿Pero qué animal era antes de que lo estofaran? Creo que voy a morir de hambre.

3:00 p.m.

Se supone que iba a tener clase de francés en la tarde, pero el maestro no apareció. Le pregunté a William Rufus por qué:

WILLIAM: Debe de haber luna llena esta noche. Monsieur Leloup nunca da clase cuando hay luna llena.

YO: ¿Está enfermo?

WILLIAM: Bueno, digamos que tiene un pequeño problema de personalidad...

Todos teníamos libros para leer, pero yo no le encontré ni pies ni cabeza al mío. Pasé casi toda la clase escribiendo esto y luego observando a los otros niños del grupo. Ya sé cómo se llaman casi todos. Marion Grant —pelirroja, pecosa y dientona—. Besi Dunlop —delgada y bonita si no la miras muy de cerca—. Roger Bacon —un niño asiático—. ¿Desde cuándo Roger Bacon es un nombre asiático?

De hecho, todos estos nombres suenan mal. Besi no tiene cara de llamarse Besi. ¿Por qué tengo la impresión de que todos ellos comparten algún espantoso secreto, y que Jeffrey y yo somos los únicos que estamos fuera?

4:30 p.m.

Futbol. Jugamos con una vejiga de puerco inflada. Yo metí un gol, pero no me hizo muy feliz que digamos. Deberían intentar darle un cabezazo a una vejiga de puerco inflada...

6:00 p.m.

Nos comimos el resto del puerco a la hora del té. El animal daba vueltas en un asador con una manzana en la boca. ¡Por lo menos pude quedarme con la manzana!

6:30 p.m.

Estoy de vuelta en la clase de Monsieur Leloup haciendo mi tarea. Bueno, se supone que eso es lo que debería estar haciendo. Más bien estoy escribiendo esto. Y acabo de darme cuenta de algo. Supongo que lo noté desde el principio, pero es hasta ahora que caigo en la cuenta.

Todos en el grupo llevan un anillo. Un anillo idéntico. Es una argolla de oro liso con una piedra negra engarzada. ¿Qué carambas significa? Había oído hablar de gorras y de escudos escolares, pero ¿anillos escolares...?

Volví a leer lo que escribí el primer día. No tiene mucho sentido. Es como si todo lo hubiera visto en un video que pasa en cámara rápida. Tengo las piezas pero no consigo armar el rompecabezas completo.

Pero si anotara todo, terminaría con un libro. Y algo me dice que debo darme tiempo para escribir mi testamento...

7:30 p.m.

Una hora libre antes de ir a la cama; no encontré a Jeffrey ni a Julia. Salí a dar un paseo al aire fresco.

El campo de futbol está atrás de la escuela. Junto a él hay un bosque —el bosque más espeso que haya visto jamás—. No debe ser muy grande, pero los árboles parecen formar un muro sólido. Hay una capilla al fondo y también un pequeño cementerio.

Vi que Gregor estaba sentado en una tumba fumándose un cigarro.

—Muchos de ésos, Gregor —le dije—, y acabarás debajo.

Era una broma. Gregor no se rio.

8:15 p.m.

Resulta que vi a Jeffrey platicando con William Rufus. Los dos se veían como si fueran grandes amigos. ¿Es para preocuparse?

8:40 p.m.

En cama; las luces se apagarán en cinco minutos.

Tomé un baño de tina esta tarde. El baño es antiguo. Cuando uno abre la llave, el agua corre como las cataratas del Niágara, sólo que con más lodo. Salí del baño más sucio de lo que entré. La próxima vez usaré la regadera.

Después de que terminé de escribir la última parte de este diario, lo dejé sobre la mesa que está al lado de la cama con un lápiz adentro para marcar dónde me había quedado. Cuando regresé, el diario estaba exactamente en la misma posición, pero el lápiz había rodado fuera de él.

¡Alguien leyó mi diario mientras estuve fuera del cuarto!

Así que no escribiré más mientras siga en la Granja Groosham. Tengo el presentimiento de que será mejor guardarme mis pensamientos. Preguntas:

¿Todos los nombres son falsos?, y si es así, ¿por qué?

¿Qué significan los anillos con piedras negras?

¿Qué sucede realmente en la Granja Groosham?

Y no te preocupes —quienquiera que lea esto—. De alguna manera voy a encontrar las respuestas.

En la oscuridad

Pese a su determinación, David no había descubierto nada al final del día siguiente. La rutina de la escuela transcurrió con normalidad —desayuno, latín, historia, descanso, matemáticas, comida, geografía, futbol—, excepto porque nada era ni remotamente normal. Parecia como si todo, las clases y los libros, participara de una farsa elaborada minuciosamente; que sólo cuando hubiera la certeza de que nadie mirara, la escuela mostraría su verdadero aspecto.

A las siete y media de la tarde, David estaba haciendo una composición en la biblioteca (un salón un tanto singular pues no había libros en él). En lugar de libreros, en las paredes se exhibían cabezas de animales disecados que miraban fijamente con sus vacíos ojos de vidrio desde sus monturas de madera. No era de sorprender que David no pudiera concentrarse en historia, con dos topos, un armadillo y un jabalí espiando por encima de su hombro.

Después de veinte minutos se dio por vencido. No tenía ningún interés en la armada española y supuso que lo mismo podía decir de la señorita Pedicure (quien también era la maestra de historia). Revisó la hoja que acababa de escribir. Había más manchas de tinta y tachones que cualquier otra cosa. Suspirando, hizo una bola de papel con ella y la arrojó al bote de basura. Falló y la pelota fue a dar contra el enorme espejo que había detrás. David volvió a suspirar y se levantó para recogerla.

Pero ya no estaba. Buscó detrás del cesto de basura, debajo de las sillas y sobre el tapete que estaba frente al espejo. Pero la bola de papel había desaparecido sin dejar rastro. De pronto, y sin mayor razón, David se puso nervioso. Miró de reojo sobre su hombro y tuvo la impresión de que el jabalí le sonreía. Salió corriendo de la biblioteca, azotando la puerta tras de sí.

Un pasillo angosto de techo abovedado llevaba de la biblioteca al vestíbulo principal. Lo había recorrido la tarde de su llegada a la Granja Groosham. Por ahí estaba el estudio del señor Tragacrudo y ahora que se había detenido frente a la puerta lo recordó. Fue entonces cuando escuchó las voces.

Venían del cuarto situado frente al estudio del señor Tragacrudo, una habitación con una puerta oscura de madera artesonada y la palabra "Directores" pintada en letras doradas.

Así que en la Granja Groosham no había uno sino dos directores, lo cual lo dejó intrigado pues no había visto a ninguno de los dos todavía. Echó un rápido vistazo a su alrededor. Los otros alumnos habían salido de la biblioteca antes que él. Estaba solo en aquel pasillo. Se arrodilló delante de la puerta, fingiendo amarrar las agujetas de sus zapatos.

—… se acomodó bien, me parece —David reconoció la voz de inmediato. Las cascadas sílabas del señor Tragacrudo eran inconfundibles—. La niña se puso un poco difícil en su clase de modelado, pero supongo que era de esperarse.

—¿Pero firmaron todos? —la voz era aguda, medio ahogada. David podía imaginar a alguien dentro de aquel cuarto forcejeando con una corbata demasiado apretada.

—Sin problema, señor Falcón —se rio el señor Tragacrudo, con un tono curiosamente melancólico—. Jeffrey, el niño que tartamudea, fue el último en venir. Trajo su propio lápiz y ¡dos botes de tinta! Me temo que al final tuve que hipnotizarlo. Pero después de eso fue fácil.

—¿Cree usted que este niño, Jeffrey, vaya a ponerse difícil? —esta voz era la más suave de las tres. El segundo director hablaba apenas en un susurro.

—No, señor Escualo —contestó el señor Tragacrudo—. Sin duda, él va a ser el más fácil. No. El que me preocupa es Eliot.

—¿Qué pasa con él?

—No lo puedo asegurar, señor Falcón, pero tiene una cierta fuerza, una cierta independencia…

—Es justo lo que necesitamos.

—Por supuesto. Pero aun así…

David hubiera dado cualquier cosa por seguir escuchando, pero justo en ese momento apareció la señora Windergast, que iba rumbo a la biblioteca. Al verlo, se paró y pestañeó; sus ojos llamearon detrás de sus espejuelos.

—¿Ocurre algo, David? —preguntó.

—No —David señaló tímidamente sus zapatos—. Me estaba amarrando las agujetas.

—Muy astuto de tu parte, querido —le sonrió—. No queremos que te vayas a tropezar y a romper algo, ¿verdad? Pero quizá éste no sea el lugar adecuado para que lo hagas, exactamente afuera del salón de los directores. Porque alguien podría pensar que estabas escuchando y eso no dejaría muy buena impresión de ti en tu primera semana de clases, ¿o sí?

—No —dijo David, levantándose—. Lo siento, señorita Windergast.

Se movió lo más rápido que pudo. La prefecta lo rozó al pasar y entró al estudio de los directores. David hubiera dado su brazo derecho por oír lo que decían. Pero si lo volvían a encontrar junto a la puerta, quizá le tomarían la palabra... y el brazo.

Así que prefirió ir a buscar a Jeffrey y a Julia. Los encontró afuera del salón de maestros. Julia estaba revisando los casilleros, cada uno con el nombre de uno de los maestros.

—¿Ya viste el casillero de Monsieur Leloup? —le preguntó al verlo.

—¿Qué tiene?

—Hay una paloma dentro de él —dijo Julia con un gesto de asco. El ave evidentemente estaba muerta—. Parece como si algún animal salvaje la hubiera atrapado.

—¿Qué hace ahí? —preguntó David.

—Tendrás que preguntarle a Monsieur Leloup —respondió Julia.

—Si es que se ap… p… parece algún día —agregó Jeffrey.

Caminaron juntos por el corredor. De un lado había casilleros; del otro estaban las puertas de los salones de clase. Dos niños que se dirigían a los dormitorios pasaron junto a ellos. Faltaba casi una hora para que sonara la campana, pero al parecer casi todos los alumnos de Groosham se habían ido ya a la cama. Como siempre, el silencio que reinaba en la escuela era más propio de un museo o un monasterio. En todo el día, David no había oído ni un azotón de puerta ni el rechinar de un pupitre. ¿Qué estaba sucediendo en la Granja Groosham?

Encontraron un salón vacío y se metieron. David no había estado en esta habitación, así que miró en torno con curiosidad. Las paredes estaban cubiertas con carteles que mostraban diversos animales —por dentro y por fuera—. En vez de escritorio, había una plancha de mármol con aparatos científicos: un mechero, un pequeño caldero de metal y varios botes con sustancias químicas. En uno de los extremos había una rata blanca agazapada dentro de una jaula y dos sapos que miraban apesadumbrados hacia el exterior de un tanque de vidrio. El esqueleto de quién sabe qué animal estaba en una esquina.

—Debe ser el laboratorio de biología —susurró David.

—Ojalá lo fuera —Julia sacudió la cabeza—. Todas estas cosas las sacaron en mi primera clase de esta tarde.

—¿Cl... cl... clase de qué? —preguntó Jeffrey.

—De cocina.

David tragó saliva, acordándose del estofado.

Julia se sentó en uno de los pupitres.

—Vamos a comparar notas —dijo.

De nuestros dos primeros días en la Granja Groosham —aprobó David—. Jeffrey, tú primero.

Jeffrey tenía poco qué decir. Él se sentía el más infeliz de los tres y todavía estaba confundido después de su encuentro con el señor Tragacrudo. No había trabajado para nada y durante su última clase lo único que había hecho era escribir una carta a su madre en la que le rogaba que lo sacara de ahí. El único problema era que, por supuesto, no había correo en la isla.

—Odio este lugar —dijo—. No es tan d... d... duro como me imaginé. Pero no es nada parecido a lo que pen... pen... pensé. Todos los m... m... maestros están locos. Y nadie me m... m... molesta porque tartamudeo.

—Creí que no te gustaba que te molestaran —dijo David.

—No m… me gusta. Pero sería más n… normal si lo hicieran.

—Nada es normal aquí —intervino Julia—. Primero que nada nos hicieron firmar con sangre. Las clases no se parecen a las clases en las que he estado. Y luego está el asunto de los anillos…

—Yo también los vi —dijo David.

—Todos llevan el mismo anillo. Es como una especie de símbolo que los une.

—Y descubrí otras cosas —David siguió describiendo sus hallazgos del día, comenzando por el misterio de las piyamas—. Puede que me equivoque —dijo—, pero tengo la impresión de que todos los niños usan nombres falsos.

—Hay un niño en mi grupo que se llama Gideon Penman —murmuró Julia.

—Exactamente. ¿Qué clase de nombre es ése?

—¿P… p… por qué tendrán que usar nombres falsos? —preguntó Jeffrey.

—¿Y para qué quieren nuestros nombres verdaderos escritos con sangre? —añadió Julia.

—También descubrí algo sobre eso —dijo David.

Les contó la conversación que había escuchado afuera de la oficina de los directores. Omitió el asunto de que Jeffrey era el más débil de los tres, sobre todo porque consideró que sería cruel mencionarlo. Pero también porque probablemente era cierto.

—Lo único que puedo decir es que mientras más pronto salgamos de aquí, será mejor —concluyó—. Algo muy desagradable ocurre en la Granja Groosham. Y creo que si nos quedamos más tiempo, va a ocurrirnos a nosotros.

—Pensé q... q... que ibas a huir —dijo Jeffrey, lanzándole una mirada acusadora a Julia.

—Voy a huir —Julia miró por la ventana—, pero no será esta noche. Creo que habrá otra tormenta.

La tormenta se soltó unos minutos más tarde. Esta vez no hubo relámpagos, pero el aguacero fue de todos modos espectacular. Parecía como si el mar entero se hubiera elevado en una ola gigantesca para luego romper encima de la escuela; al mismo tiempo, la ventisca levantaba la tierra y reventaba contra los muros. Los postigos sueltos fueron arrancados de sus marcos. Una lápida explotó. Un enorme roble se partió por la mitad; sus ramas desnudas quedaron esparcidas por el suelo.

El estruendo de un árbol que caía despertó a David por segunda ocasión durante esa noche. Tanteando en la oscuridad, encontró su lámpara de mano en el buró, la encendió e iluminó su reloj. Era poco más de medianoche. Se dejó caer sobre la almohada y miró a través de la ventana. Había luna llena; apenas se podía adivinar su contorno tras la cortina de lluvia. De pequeño, nunca lo atemorizaron las tormentas. Así que le sorprendió darse cuenta de que temblaba.

Pero no era el temporal. Durante el breve instante en que la lámpara estuvo prendida, percibió algo con el rabillo del ojo, algo que no había registrado en su mente. Se volvió a sentar, volvió a prender la lámpara; luego, el haz de luz recorrió todo el dormitorio. Entonces supo qué era.

Jeffrey dormía en la cama contigua con la cabeza bajo las cobijas. Aparte de ellos dos, no había nadie más en el cuarto. Cuando se apagaron las luces, a las nueve y media, los otros niños ya estaban dormidos. Ahora sus camas estaban vacías y las cobijas extendidas. Dirigió el haz de luz a las sillas. Sus ropas tampoco se veían.

En silencio, se deslizó fuera de la cama y se puso la bata y las pantuflas. Luego se acercó a la puerta y la abrió. No había ninguna luz prendida en la escuela. Y el silencio era más profundo, más aterrador que nunca.

Se asomó a un segundo dormitorio, después a un tercero. En cada uno de ellos se repetía la misma escena. Las camas estaban vacías, la ropa había desaparecido. Afuera seguía lloviendo. Podía oír las gotas golpeando las ventanas. Volvió a consultar su reloj, seguro de que aquello era una locura: las doce y veinte, ¿dónde estaba todo el mundo?

Podía sentir su corazón golpear contra su pecho como si lo

urgiera a que regresara a la cama y se olvidara de todo. Pero David estaba bien despierto. Llegaría al fondo del asunto aunque muriera en el intento. "Y lo más probable es que así sea", dijo para sí.

Atravesó de puntitas el corredor, dando un brinco cada vez que una duela rechinaba a su paso. Luego de un rato, llegó a un cuarto dormitorio. Enfocó la luz a la manija de la puerta.

De la oscuridad surgió una mano y se posó en su hombro.

David sintió que su estómago se encogía hasta quedar del tamaño de un chícharo. Abrió la boca y un grito estuvo a punto de salir de ella, pero logró controlarlo mordiendo la lámpara. Fue un milagro que no se la tragara. Giró lentamente; su nuca brillaba con un resplandor rojizo por la luz de la lámpara que traspasaba su garganta.

Julia estaba frente a él. También llevaba puesta su bata y sus pantuflas. Se veía todavía más asustada que David.

—¿Dónde están todos? —susurró—. ¿Adónde fueron?

—Nggg… —David recordó que tenía la lámpara dentro de la boca y la sacó—. No sé —dijo—. Estaba tratando de averiguarlo.

—Las vi salir —Julia suspiró, contenta de haber encontrado a David despierto y levantado—. Fue hace como veinte minutos. Una de ellas me despertó al irse. Esperé un momento y luego las seguí.

—¿Y adónde fueron? —dijo David, repitiendo la pregunta que antes le había hecho Julia.

—Los vi entrar en la biblioteca —contestó Julia—, a todos. La escuela entera. Me quedé un rato detrás de la puerta, pero no pude oír nada, así que entré. Pero no estaban ahí, David. —Julia suspiró; David vio que estaba a punto de soltar una lágrima—. Todos desaparecieron.

David pensó en retrospectiva. Después del té, había estado en la biblioteca rodeado por cabezas de animales disecados. Era un cuarto pequeño, difícilmente cabrían sesenta y tres personas. Además de una mesa, un espejo, una docena de sillas y los animales disecados, no había nada más en él. Y eso incluía las puertas. Sólo había una, sólo una forma de entrar, sólo una forma de salir.

—A lo mejor salieron por una ventana —sugirió.

Julia lo miró con impaciencia.

—¿Con este clima? Aún así, las ventanas de la biblioteca están muy altas. Ya lo intenté…

—Pero entonces deben estar en algún lugar de la escuela.

—No.

Julia recargó la espalda en la pared y luego se fue resbalando hasta quedar sentada en el suelo. Estaba exhausta, y no sólo por falta de sueño.

—Ya busqué por todas partes; en los salones, en el comedor, en la sala de profesores… en todos lados. No están aquí.

—¡Tienen que estar en algún lado! —insistió David—. No pueden haber desaparecido así nada más.

Julia no contestó. David se sentó junto a ella y puso su brazo alrededor de sus hombros. Ninguno de los dos habló más. Las últimas palabras de David se repetían en su cabeza: "¡Tienen que estar en algún lado! No pueden haber desaparecido así nada más". Pero sentado en aquel oscuro y silencioso pasillo, supo que estaba equivocado.

Por increíble que les pareciera, estaban solos en la Granja Groosham.

Navidad

Tres días antes de Navidad comenzó a nevar.

Ya para Nochebuena toda la isla se encontraba completamente nevada. La tierra estaba blanca. El mar estaba blanco. Era difícil decir dónde terminaba una y dónde empezaba el otro. Parado en aquellos campos, uno se sentía como una letra solitaria en medio de una página en blanco dentro de un sobre, que espera ser enviada a alguna parte.

No había calefacción central en Groosham. En cambio, enormes leños se quemaban en chimeneas abiertas, crujiendo y silbando como si les molestara tener que compartir su calor. Todas las ventanas estaban empañadas; la tubería se estremecía, gemía y ronroneaba al paso del agua a través de los conductos medio congelados. Una colonia de murciélagos que habitaba una de las torres del lado norte, había bajado en busca de calor y terminó en el comedor. Nadie se quejó. Pero para David las comidas eran un poco como una lucha contra cien ojos que, de cabeza, desde las vigas, examinaban su pastel de ruibarbo.

Aparte de los murciélagos y el clima, ninguna otra cosa cambió en la escuela. Al principio, a David le sorprendió que a nadie parecía importarle la Navidad. Después lo aceptó de mala gana. El capitán Malasangre venía a la escuela una vez por semana, los jueves, pero nunca trajo ni se llevó ninguna carta, así que no había tarjetas de Navidad.

Tampoco había arreglos navideños. David vio a la señora Windergast con una enorme rama de pino y eso le levantó un poco el ánimo, por lo menos hasta la hora de la comida, cuando le dio la primera probada a su sopa de pino. No había tarjetas ni árbol de Navidad, ni tampoco, por supuesto, regalos de Navidad. A pesar de las nevadas, nadie lanzó bolas de nieve y el único hombre de nieve resultó ser Gregor, a quien sorprendió la peor nevada de todas mientras dormía encima de su lápida predilecta, y tuvo que ser descongelado al día siguiente.

Sólo hubo alguien que mencionó la Navidad: el señor Oxisso, maestro de estudios religiosos. El señor Oxisso era el único profesor con un aspecto normal en toda la escuela. También era el más joven; tenía más o menos treinta años, era bajo, de cabello rizado y bigote recortado. Su nombre completo era Ronald Edward Oxisso. David se sintió un poco incómodo cuando vio ese mismo nombre en una lápida del cementerio de la escuela ("Ahogado cerca de la Isla Cadavera: 1955-1985"), pero supuso que se trataba de algún pariente suyo. De todos modos, el señor Oxisso despedía un fuerte olor a algas marinas.

—La Navidad ciertamente tiene muy poco que ver con el

cristianismo —dijo el señor Oxisso con una sonrisa espectral. Sus sonrisas eran muy espectrales—. Había festividades a finales de diciembre mucho antes de que el cristianismo hiciera su aparición; la "Saturnalia" romana y el "Nacimiento del Sol" entre los persas, por ejemplo. En el norte es una festividad de los espíritus de la oscuridad, porque es en la Navidad cuando los muertos regresan de sus tumbas.

Todo esto era completamente nuevo para David. Pero tenía que admitirlo: sus navidades en Londres, llenas de oropel, santacloses, compras navideñas de última hora, pavos, ponches y demasiadas películas viejas en la televisión, nunca tuvieron mucho que ver con el cristianismo.

El día de Navidad comenzó igual que cualquier otro: baño, desayuno, tres clases antes de la comida. Por alguna razón las clases de la tarde se cancelaron y David y Julia pudieron vagar libremente. Como siempre, los demás alumnos se fueron a la cama. Eso es lo que siempre hacían cuando había algún tiempo libre. Después, ya tarde en la noche, irían a la biblioteca. Y luego desaparecerían.

David y Julia, decididos a llegar al fondo del misterio, habían intentado seguirlos varias veces, sin éxito. El problema era que no había manera de que pudieran seguir a los otros dentro de la biblioteca sin ser vistos, y para cuando abrían la puerta todos se habían ido ya. Una tarde revisaron el salón cuidadosamente, convencidos de que con seguridad habría un pasadizo secreto. Pero si en verdad existía, debía de tener una entrada espectacularmente secreta. Todas las paredes parecían estar hechas de ladrillo sólido. Una chimenea con cubierta de piedra dominaba uno de los muros y en el otro había un espejo con un marco decorado con flores de bronce. Pero aunque David empujó y picó a todos los animales mientras Julia tocaba de arriba a abajo el espejo y hasta trataba de escalar la chimenea, no encontraron nada.

¿Y dónde había estado Jeffrey durante todo este tiempo?

En las semanas que llevaban en Groosham, Jeffrey había cambiado y eso preocupaba a David más que cualquier otra cosa. Todavía recordaba las palabras del señor Tragacrudo: "Él será el más fácil..." Ciertamente, Jeffrey pasaba cada vez más y más tiempo solo y menos y menos tiempo con David y Julia. David ya lo había visto varias veces platicando animadamente con William Rufus y cuando le preguntó al respecto, Jeffrey se rehusó a ser interrogado. Aunque no había libros en la biblioteca, parecía que se la pasaba leyendo; viejos y polvosos volúmenes de páginas amarillentas encuadernados en piel agrietada.

Julia, con su impaciencia, fue la que al final comenzó una discusión una tarde. Lo había encarado en un salón vacío mientras hablaban de los progresos que habían hecho —o que no habían hecho—.

—¿Qué te pasa? —le reclamó—. Te comportas como si te gustara este lugar.

—A lo mejor m… m… me gusta —contestó Jeffrey.

—¡Pero toda la escuela está loca!

—Todos los internados son una locura. Pero es m… m… mucho mejor que Héroes de la Inmisericordia.

—¿Y qué con nuestra promesa? —le recordó David—: "nosotros contra ellos".

—Nosotros podemos estar en c… c… contra de ellos —dijo Jeffrey—, pero no estoy muy seguro de que ellos estén en c… c… contra de nosotros.

—¿Entonces por qué no vas y te unes a ellos? —le dijo Julia furiosa.

Al parecer Jeffrey ya lo había hecho.

David y Julia, solos, se abrían paso a través de las canchas de juego con la nieve hasta los tobillos. Ya conocían cada centímetro de la isla. La Granja Groosham estaba en el lado norte. Un bosque se extendía por todo el lado oriente. Sus árboles parecían haber sido esculpidos en piedra y tener por lo menos mil años. La lengua de tierra, donde estaba el muelle, se encontraba en el extremo sur. Era una superficie larga y plana, tras la cual se erguía el acantilado multicolor. David estaba seguro de que podía ver la entrada de una cueva al pie de los riscos y le hubiera gustado explorarla, pero no había manera de llegar hasta ella. El acantilado era muy escarpado para descender por él y una entrada de mar separaba la cueva de la punta; las olas rompían contra las rocas, labrando infinidad de filosas puntas.

También había un río en la isla —aunque más bien era un arroyo ancho—, que fluía desde el norte y desembocaba en un lago al otro lado del bosque. Hacia ahí se dirigían. El agua se había congelado y pensaron que sería divertido patinar. Pero ninguno tenía patines. Y, de todos modos, no se sentían con ánimos de diversión... a pesar de que era Navidad.

—¿Has aprendido algo desde que llegamos? —preguntó Julia.

David se quedó pensando.

—No mucho —admitió—. Pero como nunca hay exámenes ni cosas así, no debe ser importante.

—Bueno, hemos aprendido una cosa —Julia recogió una piedra y la lanzó al lago; el guijarro pegó en el hielo y se deslizó hasta parar en un manojo de algas—. El bote viene todos los jueves. El capitán Malasangre descarga las provisiones y después él y Gregor suben en el coche hasta la escuela. Así que durante una hora, más o menos, la lancha está sola.

—¿Y qué con eso? —preguntó David, con repentino interés.

—Pasado mañana es jueves. Y cuando suban a la escuela, alguien va a meterse en ese bote. Yo.

—Pero no hay dónde esconderse —David había acompañado a Julia una semana antes a revisar la lancha—. Nos fijamos...

—No hay lugar para dos —reconoció Julia—. Pero calculo que uno de nosotros puede meterse apretado en la cabina. Hay un montón de trapos viejos en el piso. Creo que puedo esconderme debajo de ellos.

—Entonces de veras te vas.

David no pudo evitar sentirse triste al pronunciar aquellas palabras. Julia era su única amiga verdadera en la escuela. Al irse ella, estaría más solo que nunca.

—Tengo que irme, David. Si me quedo más tiempo me voy a volver loca… como Jeffrey. Pero una vez que esté lejos, mandaré una carta a las autoridades. Ellos enviarán a alguien. Y te apuesto lo que quieras a que cerrarán la escuela una semana después.

—¿Adónde vas a ir? —preguntó David.

—Tengo cuatro hermanos y dos hermanas para escoger —dijo Julia y sonrió—. Somos una familia grande. ¡Yo soy la número siete!

—¿Tú mamá tiene hermanos y hermanas? —preguntó David.

Julia lo miró con curiosidad.

—¿Y eso qué tiene que ver?

—Sólo preguntaba…

—De hecho ella también fue la número siete. Tengo seis tíos. ¿Por qué preguntas?

—Séptima hija de una séptima hija —murmuró David y no

dijo nada más. Significaba algo. Tenía que significar algo. Pero, ¿qué?

Por la tarde, sentado solo en la biblioteca, seguía dándole vueltas en la cabeza al asunto. La cena de Navidad —si es que se le podía llamar así— consistió en jamón y papas fritas; las papas estaban apenas un poco más calientes que el jamón. David se sentía realmente deprimido por primera vez desde que llegó. Julia se había ido a la cama temprano y ni siquiera había un televisor en la escuela para levantarse el ánimo. Bueno, sí había uno, pero era en blanco y negro, pegado con cinta adhesiva. El botón del volumen se había perdido y la imagen era tan mala que la pantalla se veía siempre como una tormenta de nieve en miniatura.

La puerta de la biblioteca se abrió y David levantó la vista. Era Jeffrey.

—Hola —dijo.

—Hola, D... D... David.

El niño se quedó parado junto a la puerta como si se avergonzara de haber sido sorprendido en ese lugar.

—No te he visto desde hace tiempo —dijo David, tratando de sonar amigable.

—Lo sé. He e... e... estado muy ocupado.

Jeffrey miró a su alrededor, sus ojos parpadeaban nerviosamente detrás de sus anteojos de aro.

—De hecho, est... t... taba buscando a Will... ll... lliam.

—¿Tu nuevo amigo? —la voz de David sonó despectiva—. Pues no está aquí. A menos, claro, que esté debajo de la al... al... alfombra o en la chim... m... menea o ¡dondequiera que se metan todas las noches! Y lo único que puedo decirte es que si quieres unírteles, te aceptarán con gusto.

—Yo n... n... no... —Jeffrey, sonrojado, tartamudeó sin conseguir terminar la frase y David se enojó consigo mismo por haber perdido la calma. Abrió la boca para decir algo más, pero al mismo tiempo Jeffrey salió del cuarto cerrando la puerta de golpe.

David se levantó. "Él será el más fácil." Una vez más las palabras del señor Tragacrudo resonaron en su cabeza. Claro que Jeffrey sería el más fácil de los tres —para cualquier cosa que se hubiera tramado en la Granja Groosham—. Era gordo. Usaba anteojos y tartamudeaba. Era la víctima perfecta, el blanco de todos los ataques. Y, al rechazarlo, David lo había puesto en sus manos. Al principio eran tres contra el resto, pero ahora su falta de consideración había sacado a Jeffrey de la jugada, dejándolo solo y desamparado.

Salió de la biblioteca rápidamente. Jeffrey ya no estaba en el corredor, pero a David no le importó. Si descubría qué estaba pasando realmente en la Granja Groosham —detrás de la fachada de lecciones y rutina escolar—, entonces, posiblemente, podría ponerle un alto y salvar a Jeffrey y a sí mismo a la vez. Y en ese momento se encontraba en el lugar perfecto para empezar a buscar. La respuesta tenía que estar en uno de los dos cuartos.

Empezó por la puerta en la que se leía "Directores". En todo el tiempo que llevaba en la Granja, no había visto ni una sola vez a los dos directores, el señor Escualo y el señor Falcón. Si no fuera porque había oído sus voces, diría que ni siquiera existían. Tocó suavemente a la puerta. Como lo supuso, nadie contestó. Mirando de reojo por encima de su hombro, asió la manija y le dio vuelta. La puerta se abrió.

David no había estado antes en el salón de los directores. A primera vista le pareció más una capilla que un salón. En las ventanas había vitrales en los que se representaban escenas que parecían ser del Juicio Final, con demonios que aguijoneaban y lanzaban a las llamas eternas a mujeres y hombres desnudos. El piso era de mármol negro y no había alfombra. Los libreros, llenos de volúmenes antiguos como el que había visto leer a Jeffrey, le recordaron las bancas de las iglesias, y hasta había un púlpito en una de las esquinas, con un águila labrada que sostenía una Biblia sobre sus alas extendidas.

El cuarto tenía su propio enigma. Había dos directores en la Granja Groosham. Entonces, ¿por qué sólo había un escritorio, sólo una silla y sólo una toga y un birrete en el perchero tras la puerta? David no pudo encontrar una respuesta para eso —ni para ninguna otra cosa—. Los cajones del escritorio estaban bajo llave y no había papeles encima de él. Estuvo cinco infructuosos minutos en el estudio. Después salió tan sigilosamente como había entrado.

Se necesitaba más valor para escurrirse dentro del estudio del señor Tragacrudo. David recordó la última vez que estuvo ahí —en su pulgar todavía tenía la marca de su estancia en aquel lugar—. Finalmente abrió la puerta. "No te va a comer", pensó, y deseó creerlo.

No había señal del subdirector, pero, mientras avanzaba, sintió que lo observaban. Se detuvo, atreviéndose apenas a respirar. Estaba completamente solo en el estudio. Avanzó otra vez. Las miradas lo siguieron. Se detuvo nuevamente. Entonces se dio cuenta de lo que era. ¡Los cuadros de las paredes…! Eran retratos de ancianos sombríos pintados, al parecer, varios años después de muertos. Pero cuando David se movía, las miradas de esos ojos lo seguían, así que lo observaban en cualquier lugar del cuarto en el que estuviera.

Se detuvo un momento detrás de lo que parecía ser una cómoda y recargó su mano en ella. La madera tembló bajo sus dedos. Apartó la mano y miró el mueble con ojos desorbitados. ¿Se lo había imaginado? No; parado ahí, solo, en el estudio, escuchó un lánguido rumor que provenía de aquella cómoda.

Se agachó para abrir uno de los cajones. Fue entonces cuando hizo su primer descubrimiento. La cómoda era un engaño. Los tres cajones no eran más que una fachada que, al jalarla, se abrió como una puerta. En realidad la cómoda era un moderno refrigerador.

David atisbó dentro del mueble y tragó saliva. La cómoda ciertamente era un refrigerador, pero no de los que guardan leche, mantequilla y una docena de huevos. En vez de eso, unas treinta bolsas de plástico llenas de un líquido rojo oscuro colgaban de unos ganchos.

—Es vino —susurró—. Tiene que ser vino. Claro que es vino. No puede ser otra cosa. No puede ser...

Sangre.

Pero aunque cerró de golpe la puerta y se enderezó, sabía que eso era. El vino no venía en bolsas; no lo etiquetaban "AB positivo". Ni siquiera quería preguntar qué hacían quince litros de sangre en el estudio del señor Tragacrudo. No quería saber. Sólo quería salir de ahí antes de terminar metido en otras ocho bolsas de plástico en el anaquel inferior.

Pero logró tranquilizarse antes de alcanzar la puerta. Ya era muy tarde para arrepentirse. Quizá ésta sería su última oportunidad de inspeccionar el estudio. Y a Jeffrey se le acababa el tiempo. Respiró hondo. No había nadie a la vista. Nadie sabía que estaba ahí. Debía seguir adelante.

Se acercó al escritorio. El libro en el que había puesto su nombre la tarde que llegó a la escuela, todavía estaba en su lugar. Lo abrió con mano temblorosa. Trató de mojar su dedo con saliva, pero tenía la boca seca como lija, así que usó la palma de la mano para dar vuelta a las hojas hasta que llegó al final. Sus ojos descubrieron de inmediato los tres últimos nombres: David Eliot, Julia Green, Jeffrey Joseph. Aunque las letras ya no eran rojas sino cafés, estaban más frescas que los nombres de las otras páginas. Inclinado sobre el escritorio, comenzó a leer.

Le tomó treinta segundos darse cuenta de que en el libro no había ningún nombre que reconociera. No estaba William Rufus, ni Besi Duncan o Roger Bacon. Entonces tenía razón. Los otros alumnos tomaron nombres falsos en algún momento después de su llegada. La única pregunta era ¿por qué?

Cerró el libro. Algo más había llamado su atención, algo que estaba en la esquina del escritorio. No estaba ahí la primera noche. De hecho, David no había visto uno antes, por lo menos no fuera de la mano de alguien. Era un anillo, un anillo especial de oro puro con una piedra negra engarzada. David lo tomó... y lanzó un grito.

El anillo estaba al rojo vivo. Parecía como si lo acabaran de sacar de la fragua. Eso era imposible, por supuesto. El anillo había estado sobre la madera por lo menos desde que entró en el cuarto. Debía tratarse de algún truco. Pero truco o no, sus dedos todavía le ardían y su piel comenzaba a ampollarse.

—¿Qué estás haciendo aquí?

David giró rápidamente, olvidando por un momento el dolor.

El señor Tragacrudo se encontraba ahí mismo, en la habitación; pero eso también era imposible, la puerta no se había abierto, David no había oído nada. Como de costumbre, el subdirector estaba vestido de blanco y negro como si estuviera de camino a un funeral. En su voz había curiosidad más que hostilidad, pero sus ojos eran amenazantes. Apretando el puño, David buscó desesperadamente una excusa. "Bueno... —dijo para sus adentros—. Refrigerador, ahí te voy."

—¿Qué estás haciendo aquí, David? —volvió a preguntar el señor Tragacrudo.

—Yo... yo... lo estaba buscando, señor.

—¿Para qué?

—Este... —David tuvo un rapto de inspiración—. Para desearle feliz Navidad, señor.

Los labios del señor Tragacrudo se torcieron ligeramente hacia arriba.

—Un gesto encantador de tu parte —masculló en un tono de voz que más bien quería decir "¡qué pretexto más estúpido!"—. Parece que te quemaste —agregó, señalando su mano.

—Sí, señor —la culpa lo hizo sonrojarse—. Vi el anillo y...

El señor Tragacrudo avanzó hacia él. David evitó cuidadosamente mirar el espejo. Sabía lo que vería —o, más bien, lo que no vería—. Esperó en silencio a que el subdirector se sentara tras su escritorio, preguntándose qué pasaría.

—A veces es de sabios no meter la nariz en las cosas que no nos incumben, David —dijo el señor Tragacrudo—. Especialmente cuando se trata de cosas que no entendemos.

Alcanzó el anillo y lo tomó. David retrocedió, pero el anillo permaneció ahí, aparentemente frío en la palma de su mano.

—Debo admitir que me has decepcionado profundamente —prosiguió—. A pesar de la plática que tuvimos, parece que no has hecho progreso alguno.

—Entonces, ¿por qué no me expulsa? —preguntó David, sorprendido por su repentino tono desafiante. Aunque la verdad es que eso era lo que más deseaba.

—¡Oh, no! Nunca se expulsa a nadie de la Granja Groosham —el señor Tragacrudo rio entre dientes—. Hemos tenido niños difíciles antes, pero terminan aceptándonos… como tú lo harás algún día.

—Pero, ¿qué es lo que quieren de mí? —David ya no pudo contenerse más—. ¿Qué es lo que pasa aquí? Ya sé que ésta no es una escuela de verdad. Aquí sucede algo terrible. ¿Por qué no me dejan ir? Yo no pedí venir. ¿Por qué no dejan que me vaya y se olviden de mi existencia? Este lugar me desagrada. Todos me desagradan. Y nunca los voy a aceptar; no mientras viva.

—¿Y por cuánto tiempo será eso?

De repente la voz del señor Tragacrudo se había vuelto tan fría como el hielo. Cada sílaba que salía de su boca era como un susurro mortal. David se quedó petrificado, sintiendo cómo las lágrimas pugnaban por aparecer en sus ojos. Pero había una cosa que estaba decidido a no hacer. No lloraría. No mientras estuviese frente al señor Tragacrudo.

Pero entonces el señor Tragacrudo pareció ablandarse. Dejó el anillo en el escritorio y se recargó en el respaldo de la silla. Cuando volvió a hablar, su voz sonó más suave.

—Hay muchas cosas que tú no entiendes, David —dijo—. Pero un día todo será diferente. Por ahora es mejor que vayas con la señora Windergast para que te revise la mano —llevó uno de sus esqueléticos dedos a un lado su boca y por un momento se quedó cavilando—. Dile que sugiero que te ponga su ungüento especial. Estoy seguro de que te proporcionará el más… reparador de los sueños —agregó por último.

David se dio la media vuelta y salió del estudio.

Para entonces ya era bastante tarde y, como de costumbre, no había nadie en los corredores. David subió al dormitorio absorto en sus pensamientos. De algo estaba seguro. No tenía ninguna intención de ir a ver a la señora Windergast. Si el señor Tragacrudo guardaba sangre fresca en su refrigerador, quién sabe qué guardaría la señora Windergast en su botiquín. Le dolía mucho la mano. Pero cualquier dolor era preferible a otra sesión con el personal de la Granja Groosham.

Por eso se quedó estupefacto cuando encontró a la prefecta esperándolo afuera de su consultorio. Debía haber algún sistema de comunicación interna en la escuela, pues ella ya sabía lo que le había pasado.

—Déjame ver tu pobre mano —dijo con su voz de pajarito—. Entra y siéntate mientras traigo un emplasto. No queremos que se vaya a gangrenar, ¿verdad? Mi marido, Dios lo tenga en su gloria, se gangrenó. ¡Todo él! Al final su aspecto era espantoso, de veras. Y todo empezó con una rasguño chiquitito...

Acomodó a David en el consultorio mientras hablaba, sin darle oportunidad de protestar.

—Ahora siéntate, mientras abro mi botiquín —le ordenó.

David se sentó. El consultorio era pequeño y agradable; había un calentador de gas, un tapete de colores vivos y, en las sillas, cojines hechos a mano. Unos cuadros bordados colgaban de las paredes y sobre una mesa baja había varias revistas. David observó todo esto mientras la prefecta buscaba afanosamente algo dentro de un gabinete con puertas de espejo que estaba en el otro extremo de la habitación. Al abrirlo, David captó el reflejo de un pájaro en una percha. Por un momento pensó que lo había imaginado, pero entonces volteó y vio al animal cerca de la ventana. El pájaro era un cuervo. Al principio, David supuso que estaría disecado, como los animales de la biblioteca. Pero en ese momento el ave graznó y agitó sus alas. David se estremeció al recordar al cuervo que había visto en el jardín de su casa el día de su partida.

—Es Wilfredo —dijo a manera de explicación la señora Windergast mientras se sentaba junto a él—. Algunas personas tienen peces de colores. Otras tienen hámsters. Pero yo prefiero los cuervos. A mi esposo no le gustaban mucho. De hecho, Wilfredo fue el que lo rasguñó. ¡A veces es bastante travieso! Ahora, déjame ver esa mano.

David extendió su adolorida mano y la señora Windergast se dedicó durante varios minutos a aplicarle pomadas antisépticas.

—¡Ya está! —exclamó al terminar—. Mucho mejor, ¿no?

David hizo el intento de levantarse, pero la prefecta, con un gesto, le indicó que se quedara sentado.

—Y dime, querido, ¿qué te parece la Granja Groosham?

David se sentía cansado. Ya estaba harto de juegos, así que le dijo la verdad.

—Todos los niños son muy raros. Los miembros del personal están locos. La isla es horrible. La escuela parece sacada de una película de terror y a mí me gustaría regresar a mi casa.

—Pero aparte de eso, eres perfectamente feliz, ¿no? —la señora Windergast acompañó sus palabras con una sonrisa radiante.

—Señora Windergast…

La mujer levantó la mano, interrumpiéndolo.

—Claro que entiendo, mi amor —dijo—. Siempre es difícil al principio. Por eso decidí darte un poco de mi ungüento especial.

—¿Para qué sirve? —preguntó David con recelo.

—Nada más para ayudarte a dormir bien.

Sacó un tubo de ungüento de la bolsa de su delantal y, antes de que David pudiera detenerla, le quitó la tapa y se lo pasó. El ungüento era espeso y de color oscuro, como asfalto, pero para su sorpresa olía bastante bien. Tenía un aroma acre, como el de algunas hierbas silvestres. Sin embargo, quién sabe por qué, el puro olor lo hizo relajarse y una agradable sensación de calor invadió su cuerpo.

—Unta un poco en tu frente —lo persuadió la señora Windergast; ahora su voz se escuchó suave y lejana—. Te hará sentir de maravilla, ya verás.

David hizo lo que le dijo. No pudo negarse. No *quiso* negarse. El ungüento se sentía caliente en su piel. Al momento pareció absorberse penetrando por su cuerpo hasta los huesos.

—Ahora vete a la cama, David —¿seguía siendo la señora

Windergast quien hablaba? Hubiera jurado que se trataba de una voz distinta—. Y que tengas montones de dulces sueños.

Vaya que David soñó esa noche.

Recordaba haberse desvestido y metido en la cama; luego debió quedarse dormido, sólo que sus ojos permanecieron abiertos, por lo que pudo darse cuenta de las cosas que ocurrían a su alrededor. Los otros niños del dormitorio salieron de la cama. Claro que esto no le sorprendió. David se dio la vuelta y cerró los ojos.

Por lo menos eso es lo que intentó hacer. Lo siguiente que recordó fue que estaba completamente vestido, siguiéndolos escaleras abajo rumbo a la biblioteca; tropezó y sintió que una mano lo detenía para que no cayera. Era William Rufus. David sonrió. El otro niño le devolvió la sonrisa.

Y luego estaban en la biblioteca. Lo que sucedió después era confuso. Se miraba en un espejo —el que estaba colgado frente a la chimenea—. Pero entonces entró en él, directamente por el vidrio. Supuso que se rompería, pero no se rompió. Ya estaba del otro lado. Miró hacia atrás. William Rufus lo jaló del brazo. Siguió adelante.

Paredes de piedra sólida; una senda sinuosa bajaba más y más hacia las profundidades de la tierra; en el aire había un olor a agua salada. Entonces el sueño se convirtió en una serie de imágenes fragmentadas. Era como si, después de todo, el espejo se hubiera roto en mil pedazos y lo que veía fuera únicamente los reflejos en los añicos. Ahora se encontraba en una enorme y profunda galería subterránea. Podía ver las estalagmitas de un plateado resplandeciente que emergían de la tierra tratando de alcanzar las estalactitas que colgaban de los techos de la galería. ¿O era al revés…?

Una gran fogata ardía dentro de la cueva proyectando sombras fantásticas sobre la pared. Toda la escuela estaba reunida allí, esperando en silencio algo… o a alguien. Luego un hombre salió por detrás de una plancha de piedra. Hubo una cosa que David no se atrevió a mirar porque era más horrible que todo lo que había visto hasta entonces en la Granja Groosham, aunque después lo recordaría…

Dos directores, pero sólo un escritorio, sólo una silla.

El hilo del sueño se rompió como suele suceder con todos los sueños. Se dijeron palabras. Luego hubo un banquete; una cena de Navidad como ninguna antes. Un gran trozo de carne se asaba en las llamas de la fogata; el vino colmaba grandes jarras de plata. Había budines y galletas y pasteles y, por primera vez, los alumnos de la Granja Groosham reían y gritaban y actuaban como si realmente estuvieran vivos. De la tierra brotaba la música y David buscó a Julia; para su sorpresa, la encontró y bailaron juntos durante lo que parecieron ser horas, aunque sabía que (como se trataba de un sueño) debieron ser tan sólo unos minutos.

Por último, hubo un murmullo y todo el mundo se quedó quieto, mientras una figura solitaria avanzaba entre la multitud hacia la plancha de piedra. David quiso gritar pero no salió ningún sonido de su garganta. Era Jeffrey. El señor Tragacrudo lo esperaba y sostenía el anillo. Jeffrey sonreía, feliz como David nunca antes lo había visto. Tomó el anillo y se lo puso. Entonces, como una sola voz, toda la escuela comenzó a festejar; el eco de los gritos rebotaba en las paredes y fue entonces, con aquel clamor retumbando en sus oídos, que...

David despertó.

Tenía dolor de cabeza y un desagradable sabor de boca. Se talló los ojos, preguntándose dónde se encontraba. Era de mañana. El frío sol de invierno se colaba por las ventanas. Se incorporó despacio y miró a su alrededor.

Estaba en la cama, en el lugar de siempre en el dormitorio. Sus ropas estaban como las había dejado la noche anterior. Miró su mano. El emplasto seguía en su lugar. A su alrededor, los otros niños estaban vistiéndose, sus caras tan pálidas como siempre. David apartó las cobijas; de verdad no había sido más que un sueño. Se rio un poco de sí mismo. ¿Atravesar espejos? ¿Bailar con Julia en una caverna subterránea? Claro que había sido un sueño. ¿Cómo podía ser algo más?

Se levantó y se desperezó. Se sentía extrañamente tenso esa mañana, como si acabara de participar en una carrera de veinte kilómetros. Miró de reojo a un lado. Jeffrey estaba sentado en la cama de junto, ya medio vestido. David recordó su encuentro, o más bien desencuentro, en la biblioteca y suspiró. Tenía que hacer algo al respecto.

—Buenos días, Jeffrey —dijo.

—Buenos días, David —la voz de Jeffrey sonó casi hostil.

—Mira, sólo quería disculparme por lo de ayer. ¿De acuerdo?

—No hay necesidad de pedir disculpas, David —contestó Jeffrey mientras se ponía el suéter—. Olvídalo.

Durante esa breve conversación, David se dio cuenta de muchas cosas. Pero todas sucedieron tan rápido que no sabría nunca decir cuál fue la primera.

Jeffrey ya no era el mismo.

No sólo había sonado hostil. Se comportaba hostil. Su voz se había vuelto fría y distante como la de todos los demás.

Ya no tartamudeaba.

Y la mano con la que se abotonaba la camisa también se veía diferente.

Lucía en ella un anillo negro.

Una carta

Dos días después, David se sentó a escribir una carta para su padre.

26 de diciembre
Granja Groosham
Isla Cadavera
Norfolk

Querido padre:
Ésta es una carta muy difícil de escribir...

Tan difícil que, de hecho, había tachado tres veces la primera frase antes de sentirse satisfecho y aun así no estaba muy seguro de haber escrito bien "difícil".

Ya sé que siempre te he decepcionado. Nunca me ha interesado la bolsa de valores y me expulsaron del Colegio Beton. Pero ahora me doy cuenta de que estaba equivocado. He decidido conseguir trabajo de cajero en el Banco de Londres; si el Banco de Londres no me contrata, entonces intentaré en el Banco de Alemania. Estoy seguro de que te sentirías orgulloso de mí si fuera cajero.

Borró también la última frase. Entonces sonó la campana para anunciar la hora de la comida y pasó una hora antes de que pudiera sentarse a escribir el siguiente párrafo.

Pero hay algo que quiero pedirte: por favor sácame de la Granja Groosham. No es que no me guste (aunque no me gusta ni tantito). Lo que pasa es que no tiene nada que ver con lo que tú esperas de una escuela. Si realmente supieras cómo es, nunca me habrías inscrito en ella.

Creo que están metidos en cosas de magia negra. El señor Tragacrudo, el subdirector, es un vampiro. El señor Oxisso, maestro de cerámica, estudios religiosos y matemáticas, es un muerto, y la señorita Pedicure, maestra de inglés e historia, ¡debe tener por lo menos seiscientos años de edad! Vas a pensar que estoy loco cuando leas esto...

David leyó lo que había escrito y pensó que era muy probable que estuviera loco. ¿Realmente le estaba sucediendo todo eso?

Pero, te lo aseguro, te estoy diciendo la verdad. Creo que quieren convertirme en una especie de zombi, como hicieron con mi amigo Jeffrey. Ya no me habla. Ya ni siquiera tartamudea. Y estoy seguro de que, si me quedo más tiempo aquí, seré el próximo.

David respiró hondo. Le dolía la mano y se dio cuenta de que estaba apretando demasiado la pluma, tanto que era un milagro que la tinta llegara hasta la plumilla. Obligándose a relajarse, se acercó a la hoja y comenzó otra vez:

No puedo explicarte todas las cosas que me han pasado desde que llegué aquí. Pero me han herido, me han drogado, amenazado y asustado a muerte. Ya sé que el abuelo acostumbraba hacerte todo eso cuando eras joven, pero no me parece justo que me pase lo mismo a mí, sobre todo cuando no he hecho nada malo y además no quiero ser un zombi. Por favor, por lo menos visita la escuela. Así te darás cuenta de lo que te digo.

No puedo mandarte por correo esta carta porque no hay correo en la isla y si me has escrito no he recibido nada. Voy a dársela a una amiga mía, se llama Julia Green. Planea escaparse mañana y me prometió enviártela. También le di tu teléfono y te va a hablar (por cobrar). Ella te dirá todo lo que me está pasando y espero que le creas.

Debo terminar aquí la carta porque es hora de nuestra clase vespertina: química. Nos están enseñando el secreto de la vida.

¡Auxilio!

Tu hijo,
David

Por lo menos nadie entró en la biblioteca mientras escribía. David había garabateado las palabras viendo con un ojo la puerta y con el otro el espejo, de modo que las líneas quedaron todas chuecas y leerlas lo mareó. Dobló la hoja por la mitad y luego otra vez por la mitad. No tenía sobre, pero Julia le prometió comprar uno —además de la estampilla— tan pronto como llegara a tierra firme.

Si todo salía de acuerdo con lo planeado, el capitán Malasangre llegaría a las diez de la mañana del día siguiente. Julia no tomaría la segunda clase matutina y se escondería cerca del muelle. Tan pronto como Gregor descargara las provisiones y llevara al capitán a la escuela, ella se escurriría dentro del bote y se escondería debajo de los trapos. La lancha partiría a las once y, para mediodía, Julia estaría viajando rumbo al sur.

Julia tenía que huir. Era su última esperanza. Pero ésa no era la única preocupación que David tenía en la cabeza de camino al laboratorio de química. Julia mandaría la carta. Su padre la leería. ¿Pero creería un palabra de lo que le decía en ella? ¿Habría alguien que le creyera?

David ni siquiera estaba seguro de creerlo él mismo.

El inspector

Julia no pudo salir de la isla.

El capitán Malasangre la descubrió acurrucada debajo del montón de trapos viejos de la cabina y la arrojó, temblorosa y humillada, a tierra.

—¿Así que pensaste que podías hacerme tonto, pequeña? —exclamó con sonrisa socarrona—. ¿Crees que no conozco la línea de flotación de mi propio bote? Me daría cuenta si hubiera una sola sardina de más a bordo. ¡Un viaje gratis a tierra firme! Eso es lo que estabas buscando, ¿verdad? Pues mira, tendrías que navegar unos cuantos mares antes de poder embaucar a un Malasangre.

Julia pasó toda la semana siguiente esperando que algo le sucediera, pues David, poco tranquilizadoramente, le había contado que cuando sorprendían a alguien tratando de escapar del Colegio Beton, le rasuraban la cabeza y lo hacían caminar durante un mes con las agujetas de los zapatos atadas una a la otra. Pero no pasó nada. Realmente no había castigos en la Granja Groosham. Si acaso el capitán Malasangre se molestó en mencionar el incidente a los profesores, éstos no le dieron ni la más mínima importancia.

Así que los dos estaban todavía ahí cuando la nieve comenzó a deshacerse y el invierno a escurrirse gota a gota, dando paso lentamente a la primavera. Llevaban ya siete semanas en la isla. Nada había cambiado en la escuela. Los dos seguían siendo un par de extraños en aquel lugar. Pero David sabía que él había cambiado. Y eso lo asustaba.

Había comenzado a disfrutar su vida en la isla. Casi a pesar de sí mismo le iba bien en las clases. Todas las materias, francés, historia, matemáticas... incluso latín, se le facilitaban. Formaba parte del primer equipo de futbol y, aunque nunca jugaban contra otra escuela, disfrutaba los partidos —aun cuando las pelotas seguían siendo de vejiga de puerco—. Y además, estaba Julia. David dependía de ella tanto como ella de él. Pasaban juntos todos sus ratos libres, caminando y hablando. Era la mejor amiga que había tenido jamás.

Así que casi agradecía que Julia no hubiera podido escapar —y eso le preocupaba—. A pesar del brillo del sol y de los primeros aromas de la primavera, algo maligno pasaba en la Granja Groosham, algo que lenta e inevitablemente lo iba envolviendo. Si ya comenzaba a gustarle estar ahí, ¿cuánto tiempo pasaría antes de que se convirtiera en parte de ello?

Julia lo mantenía cuerdo. La Operación Botella fue idea suya. Durante una semana robaron todas las botellas que pudieron, metieron en ellas mensajes en los que pedían ayuda y luego las echaron al mar. Enviaron botellas a sus padres, a la policía, al Departamento de Educación e incluso, en un momento de desesperación, a la Reina. David estaba un tanto seguro de que las botellas se hundirían mucho antes de llegar a la costa de Norfolk o, por lo menos, que el mar las devolvería a la isla. Pero se equivocó. Una de ellas llegó a su destino.

El señor Leloup fue quien dio la noticia.

El maestro de francés era un hombre pequeño, calvo y de aspecto tímido. Por lo menos era pequeño, calvo y de aspecto tímido a principios de mes. Pero al acercarse la luna llena, se transformaba poco a poco. Su cuerpo se hinchaba todo, como el del Hombre Verde, su cara adquiría un aspecto cada vez más feroz y toda su cabeza se cubría de pelo. Luego, en luna llena, desaparecía, para volver a aparecer al día siguiente convertido en el hombrecillo de siempre. Toda su ropa se había desgarrado y cosido tantas veces que debería tener por lo menos dos kilómetros de hilo en las costuras. Cuando se enojaba en clase —y era muy poco paciente—, no gritaba. Ladraba.

Estaba enojado esa mañana, el primer día de febrero.

—Paguese que la escuela tien-un pequeño pgoblema —dijo con su exagerado acento francés—. Los señogues del Depagtamento de Educaciún han decididu hacegnos una visita. Así que mañana debeguemos mostrag lo mejog de nosotros —lanzó una mirada significativa a Julia y a David—. Y nadie debe hablag con este hombgue, a menos que él se diguija a ustedes.

Esa tarde, Julia difícilmente pudo disimular su excitación.

—Deben haber recibido uno de nuestros mensajes —dijo—. Si el Departamento de Educación descubre la verdad sobre la Granja Groosham, la cerrarán y será su fin. ¡Seremos libres!

—Ya lo sé —susurró David lúgubremente—. Pero no dejarán que nos acerquemos a él. Y si nos ven hablándole, probablemente le harán algo terrible y a nosotros también.

Julia lo miró de arriba a abajo.

—¿Te vas a echar para atrás? —le preguntó.

—¡Claro que no! —dijo David.

El señor Maschico llegó a la isla al día siguiente. Era un hombre flaco y de lentes, vestido impecablemente con un traje gris y llevaba un portafolios de piel; el capitán Malasangre lo llevó en su lancha y el señor Tragacrudo lo recibió. Les brindó una sonrisa pequeña y oficial y un apretón de manos breve y oficial y luego comenzó su visita oficial. Era realmente muy oficial. En todos los lugares tomó notas y, de vez en cuando, hizo algunas preguntas, cuyas respuestas anotó con letra clara y oficial.

Para desgracia de David y Julia, la escuela entera había montado una gran farsa. Parecía una de esas visitas de la realeza a los hospitales, en las que se limpian todos los pisos y se esconde a los pacientes moribundos en un clóset. Todo lo que vio el señor Maschico había sido cuidadosamente preparado para impresionarlo. Los miembros del personal llevaban sus mejores trajes y los alumnos se veían animados, interesados y, sobre todo, normales. Fue oficialmente presentado a uno o dos de ellos, quienes respondieron a sus preguntas con la dosis exacta de entusiasmo. Sí, estaban muy contentos en la Granja Groosham. Sí, trabajaban muy duro. No, nunca pensaron en escaparse.

El señor Maschico estaba encantado con lo que veía. No podía ser de otra manera. Conforme avanzaba el día, iba sintiéndose cada vez más contento e incluso ver a Gregor llevando un costal de papas a la cocina no hizo más que elevar su entusiasmo al máximo.

—Para los miembros del Consejo es sumamente satisfactorio que se emplee a personas minusválidas —se le oyó decir.

Al finalizar el día, el señor Maschico estaba de extraordinario buen humor. Aunque lamentaba no haber conocido a los dos directores de la escuela —el señor Tragacrudo le dijo que habían tenido que asistir a un coloquio—, parecía completamente satisfecho con lo que había visto. David y Julia lo observaban con enorme ansiedad. Estaban a punto de perder su única oportunidad y no podían hacer nada para evitarlo. El señor Tragacrudo había dispuesto todo de manera tal que no pudieron acercarse nunca a él. No visitó ninguna de sus clases. Y cada vez que intentaron llegar hasta él, alguien se ocupó de desviar la atención del inspector y de llevarlo en dirección contraria.

—Es ahora o nunca —murmuró Julia cuando vio que el señor Tragacrudo conducía al visitante a la puerta principal.

Acababan de terminar su tarea y tenían una hora libre antes de ir a la cama. La niña apretaba en su mano una nota. Ambos la habían escrito la tarde anterior y luego la habían doblado cuidadosamente formando con la hoja un pequeño rectángulo. La nota decía:

Las cosas no son lo que parecen en la Granja Groosham. Usted está en gran peligro. Lo esperamos a las 7:45 p.m. en el acantilado. No deje que nadie lea esta nota.

El señor Tragacrudo y el inspector caminaban por el corredor hacia ellos.

—He pasado un día muy agradable —decía el señor Maschico—. Sin embargo, es mi deber informarle, señor Tragacrudo, que en mi oficina están muy preocupados porque no tenemos un registro de la Granja Groosham. Parece que ni siquiera cuentan con licencia…

—¿Eso es un problema? —preguntó el señor Tragacrudo.

—Me temo que sí. Harán una investigación. Pero puedo asegurarle que mi reporte será de lo más favorable...

Julia y David sabían lo que debían hacer.

Entraron en acción al mismo tiempo. Caminaron rápidamente por el corredor como si tuvieran prisa por llegar a algún lugar. A la mitad del camino se encontraron con los dos hombres, quienes se separaron para dejarlos pasar. En ese momento, David fingió perder el equilibrio y empujó al señor Tragacrudo contra los casilleros. Al mismo tiempo, Julia puso el pedazo de papel en la mano del señor Maschico.

—Discúlpeme, señor —susurró David.

El operativo tomó menos de tres segundos. Luego siguieron su camino, como si nada hubiera pasado. El subdirector no se había percatado de nada. El señor Maschico tenía la nota. La única pregunta ahora era si acudiría a la cita en el acantilado.

Tan pronto como los dos hombres dieron vuelta al final del pasillo, Julia y David regresaron sobre sus pasos y salieron de la escuela por una puerta lateral que llevaba al cementerio. Nadie los vio salir.

—¿Qué hora es? —preguntó David.

—Las siete y cuarto.

—Tenemos media hora...

Cruzaron corriendo las canchas de juego, pasaron junto al lago y se dirigieron al bosque. Era una noche tibia y despejada.

La luna iluminaba su camino mientras corrían en busca del resguardo de los árboles, pero ninguno de los dos miró hacia arriba, ninguno de los dos la vio.

Había luna llena.

Se detuvieron, jadeando, a la orilla del bosque.

—¿Estás segura de que es una buena idea? —preguntó David.

—Tenemos que ir por aquí —dijo Julia—. Si tomamos el camino alguien nos puede ver.

—Pero este bosque me da escalofríos.

—A mí toda la isla me da escalofríos.

Se internaron en el bosque. Ahí, con la luna oculta tras un techo de frondas, todo estaba a oscuras y quieto. David nunca había visto un bosque como ése. Los árboles parecían atados unos a otros formando nudos, púas y zarzas que se enroscaban como serpientes alrededor de los vetustos troncos. De la tierra surgían hongos fantásticos que al pisarlos escurrían una horrible sustancia amarillenta. Nada se movía: ni un pájaro, ni un búho, ni un soplo de viento.

Entonces el lobo aulló.

Julia se agarró de David tan de repente y con tanta fuerza que estuvo a punto de desgarrarle la camisa.

—¿Qué fue eso? —dijo en un susurro.

—Creo que un perro —respondió David también en voz baja.

—Nunca oí un perro como ése.

—Sonó como un perro.

—¿Estás seguro?

El lobo aulló otra vez.

Se echaron a correr.

Corrieron por donde pudieron, sorteando las ramas caídas y saltando por encima de los arbustos. De pronto se encontraron totalmente perdidos. El bosque se los había tragado; era un laberinto intrincado que parecía hacerse más y más grande conforme luchaban por salir de él. Y el animal, cualquiera que éste fuera, se acercaba cada vez más. David no lo podía ver. Casi deseó poder hacerlo. En lugar de ello, lo sentía y eso era peor, mucho peor. Su imaginación se desbocaba. El lobo encajaba sus colmillos en su nuca; el lobo gruñendo ferozmente mientras hundía sus babeantes mandíbulas en su garganta; el lobo…

—¡No podemos seguir…! —Julia articuló las palabras casi en un sollozo, deteniéndose de golpe.

David frenó detrás de ella, sin aliento; su camisa estaba empapada en sudor. ¿Por qué se les había ocurrido tomar ese camino? Había tropezado y caído encima de un montón de cardos y su mano derecha le ardía. Su carrera errática los había llevado hasta un muro de ramas y zarzas que les cerraba el paso. David miró a su alrededor. Una pesada rama que había sido arrancada por una tormenta yacía en el suelo. Tomándola con ambas manos la zafó de entre las ortigas y la levantó.

—¡David…!

Giró. Y entonces pudo ver algo. Estaba muy oscuro para decir qué era. ¿Un lobo, un hombre… o algo a medio camino entre los dos? Era sólo una figura, una masa negra de piel con dos ojos rojos que brillaban en el centro. También lo pudo oír. Un suave sonido de olfateo, que le puso la carne de gallina.

No había manera de regresar. La criatura les obstruía el paso. Pero tampoco había manera de seguir adelante.

La criatura saltó.

David lanzó un fuerte golpe con el palo.

Cerró los ojos en el último momento, pero sintió cómo la pesada rama hacía contacto con algo. Sus brazos se estremecieron. La criatura chilló. Luego se oyó un crujido de matorrales que se rompían y, cuando volvió a abrir los ojos, el animal ya no estaba ahí.

Julia avanzó hacia él y puso la mano en su hombro.

—Eso no era un perro —dijo la niña.

—¿Entonces qué era?

—No sé —Julia miró pensativa el sendero—. Pero aullaba con acento francés…

Habían llegado hasta el extremo sur de la isla, donde el terreno, curvándose en la punta, terminaba en un escarpado precipicio. Sortearon las últimas marañas del bosque, cruzaron el camino y corrieron hasta el extremo del acantilado donde habían quedado de verse con el señor Maschico. Julia vio su reloj: faltaban todavía diez minutos para la hora de la cita.

Esperaron en aquel lugar que se alzaba muy por arriba del mar. La cima del acantilado era plana y tranquila, y estaba cubierta por un blando manto de hierba. Veinte metros más abajo las olas resplandecían a la luz de la luna, reventando contra las rocas puntiagudas que parecían rasgar el manto mismo del océano.

—¿Crees que venga? —preguntó David.

—Creo que ya está aquí —dijo Julia.

Alguien avanzaba a su encuentro. Una silueta negra recortada contra el cielo pálido. Todavía estaba a unos doscientos metros, pero alcanzaron a ver que llevaba en las manos un portafolios. Al verlos, el hombre se detuvo y miró de reojo por encima de su hombro. Estaba asustado. Les bastó ver el modo en que caminaba para darse cuenta de ello.

Había avanzado unos cincuenta metros, siguiendo el borde del acantilado, cuando sucedió. Primero, David pensó que lo había picado una avispa. Pero luego se acordó de que apenas era marzo y no había avispas. El hombre se sacudió echando la cabeza hacia atrás. Se llevó una mano al cuello. Después volvió a ocurrir, sólo que en este caso fue su hombro. Lo apretó con una mano y giró sobre sí mismo como si hubiera recibido un balazo. Pero no hubo ningún disparo. No se veía a nadie más en los alrededores.

El hombre —y era el señor Maschico— gritó con un agudo hilo de voz, al tiempo que una de sus rodillas se le doblaba. Luego fue su espalda. Se arqueó hacia atrás desplomándose y volvió a gritar, mientras sus dos manos trataban de asirse del aire.

—¿Qué le pasa? —susurró Julia con los ojos muy abiertos y fijos.

David sacudió la cabeza sin poder pronunciar palabra.

Era una visión espantosa a la que la quietud de la noche y la suave presencia de la luna hacían aún más horrible. El señor Maschico se retorcía como un títere fuera de control, conforme una u otra parte de su cuerpo eran atacadas. Julia y David no podían hacer otra cosa más que mirarlo. Cuando parecía que el señor Maschico ya estaba muerto, alcanzó su portafolios y luego, quién sabe cómo, se puso de pie. Por un momento permaneció ahí, tambaleándose en el filo del acantilado.

—¡Tengo que hacer un reporte de esto! —gritó.

Entonces algo lo golpeó en el pecho y cayó de espaldas en la oscuridad, en caída libre hasta las rocas.

David y Julia se quedaron mudos durante largo rato. Luego, él posó suavemente su brazo en los hombros de la niña.

—Será mejor que regresemos —dijo.

Pero para David la noche no había terminado.

Sigilosamente se deslizaron dentro de la escuela y con voz temblorosa susurraron un "buenas noches" en el corredor. Los otros niños ya dormían cuando David se desvistió y se metió entre las cobijas. Pero no pudo dormirse. Durante lo que parecieron horas, permaneció ahí, acostado, pensando en lo que había pasado y preguntándose qué vendría después. Entonces lo escuchó.

—David...

Era su nombre, susurrado en la oscuridad por alguien que no estaba ahí. Se dio vuelta y metió la cabeza debajo de la almohada, seguro de que lo había imaginado.

—David...

Ahí estaba otra vez, suave, insistente, no sólo en sus oídos sino dentro de su cabeza. Se incorporó de un salto y miró a su alrededor. Nadie se movía.

—David, ven a nosotros...

Tenía que obedecer. Salió de la cama casi en trance, se puso la bata y se deslizó silenciosamente fuera del dormitorio. La escuela estaba sumida en las tinieblas, pero pudo ver que una puerta en el vestíbulo de la planta baja estaba abierta; un rectángulo de luz se extendía sobre la alfombra. Ése era el lugar al que la voz quería llevarlo... al salón de profesores. Vaciló, temeroso de lo que encontraría ahí dentro, pero la voz le ordenaba seguir. Debía obedecer.

Bajó las escaleras y, sin llamar, entró en la habitación. Ahí, bajo la luz fulgurante, el trance terminó y David se encontró frente a frente con todo el personal de la Granja Groosham.

La señora Windergast estaba sentada en un sofá cerca de la puerta, tejiendo. Junto a ella se encontraba el señor Oxisso con los ojos cerrados y respirando apenas. Gregor estaba encogido al lado de la chimenea, farfullando algo para sí mismo. Del otro lado, estaba el señor Leloup también sentado; parte de su cara se veía hinchada y amoratada. David recordó a la criatura del bosque y cómo la había golpeado, así que no se sorprendió cuando el señor Leloup clavó en él sus ojos amenazadores. Pero la señorita Pedicure fue quien llamó su atención. Estaba sentada en una mesa en medio del salón y cuando David entró, sonrió y dejó caer algo al suelo. Era una figurilla humana de barro, delgada, con anteojos, que asía un portafolios pequeñito, también de barro. Tenía alfileres encajados en el cuello, los brazos, las piernas y en su pecho, un alfiler —el número trece— atravesaba su corazón.

—Pasa, por favor, David.

El señor Tragacrudo estaba de pie frente a la ventana, de espaldas al cuarto. Dio media vuelta y caminó hasta detenerse junto a la mesa. Su mirada iba de David a la figura de barro.

—¿Pensaste realmente que podías engañarnos? —dijo.

No había amenaza en su voz. El tono era casi inexpresivo.

Pero la amenaza seguía ahí, dentro del salón, arremolinándose en el aire como el humo de un cigarro.

—Cuando escribieron esa nota, firmaron la sentencia de muerte del señor Maschico. Un acto reprobable, pero no nos dejaron alternativa.

Alzó la cabeza y sus ojos se posaron en David.

—¿Qué vamos a hacer contigo, David? Vas bien en clases. Creo que estás empezando a disfrutar tu estancia en la isla. Pero todavía nos opones resistencia. Tenemos tu cuerpo. Tenemos tu mente. Pero todavía te niegas a entregarnos tu espíritu.

David abrió la boca para hablar, pero el señor Tragacrudo lo calló con un ademán.

—Se nos acaba el tiempo —dijo—. De hecho, sólo nos quedan unos cuantos días. Me daría mucha pena perderte, David. A todos nos daría mucha pena. Por eso he decidido tomar medidas urgentes.

El señor Tragacrudo recogió el muñeco de barro y extrajo el alfiler de su corazón. Una sola gota de sangre roja y brillante cayó en la mesa.

—Mañana estarás a la una en punto en el estudio —ordenó—. Creo que es tiempo de que conozcas a las cabezas de la escuela.

Las cabezas

"Creo que es tiempo de que conozcas a las cabezas de la escuela."

David había oído las voces de los directores. Había estado en su estudio. Pero en todo el tiempo que llevaba en la isla, no había visto ni una sola vez al señor Escualo ni al señor Falcón.

Esa noche apenas pudo pegar un ojo. En cierto modo, en el fondo de su corazón, se sentía molesto. No era justo. La idea de las botellas había sido de Julia, ¿por qué entonces lo mandaban llamar solamente a él? ¿Qué le harían los directores cuando estuviera frente a ellos? En el Colegio Beton, cualquier visita al director significaba, invariablemente, seis varazos. Hasta en la fiesta de fin de cursos el director acostumbraba utilizar su vara en las asentaderas de varios niños e, incluso, en una ocasión memorable, arremetió contra unos padres de familia. En la Granja Groosham había dos directores. ¿Significaba eso que podría esperar doce varazos?

Al fin, alrededor de las dos de la mañana, se quedó dormido. Durmió inquieto. En sus sueños aparecieron lobos y anillos negros y espejos sin reflejos. En un momento del sueño, estaba parado en el acantilado viendo caer al señor Maschico. Sólo que era él quien sostenía el muñeco de barro, era él quien encajaba los alfileres en la figura. Entonces apareció su padre, impulsando su silla de ruedas en la hierba y blandiendo una caja de cereal y David lo señaló con el dedo y murmuró algo que no pudo entender y su padre explotó envuelto en llamas y...

Se despertó.

El día avanzó pesada y lentamente como elefante cojo. Matemáticas, luego historia, luego literatura inglesa... David no vio a Julia durante toda la mañana, aunque con el humor que tenía en ese momento, probablemente fue lo mejor. No pudo entender ni jota de lo que decían los maestros. Sólo podía pensar en su cita y sus ojos se clavaban ansiosamente en los relojes de los salones de clase. Las manecillas parecían moverse más rápido de lo que debían. Y los otros alumnos sabían. Varias veces los sorprendió observándolo y luego cuchicheando entre ellos. Los maestros hicieron su mejor esfuerzo por ignorarlo.

Por fin llegó el momento. David estaba tentado a salir corriendo y esconderse, pero sabía que eso no le serviría de nada.

Los miembros del personal lo encontrarían y lo llevarían a rastras; además, no importaba qué pensaran de él, no quería actuar como un cobarde. A la una en punto estaba parado afuera del salón de directores. Respiró hondo. Alzó su mano. Tocó a la puerta.

—Ade...

—... lante.

Ambos hablaron, el señor Escualo dijo las primeras sílabas, el señor Falcón, las últimas. David entró.

En ese momento una nube debía estar cruzando delante del sol, pues la habitación estaba sumida en la oscuridad. La luz penetraba apenas a través de los vitrales de las ventanas. También el piso de mármol negro contribuía a que el cuarto se viera más oscuro de lo debido a esas horas del día. David cerró la puerta y se acercó lentamente al escritorio. Había dos hombres sentados detrás, esperándolo.

No. Un hombre.

Pero...

Entonces David lo vio y una oleada de terror trepó como araña desde la punta de su espina dorsal hasta alcanzar su cuello. La Granja Groosham tenía sólo un director, pero dos cabezas. O, por decirlo de otro modo, no era metáfora aquello de las cabezas de la escuela; los directores eran realmente cabezas. El señor Escualo estaba completamente calvo, tenía la nariz ganchuda y ojos de buitre. El señor Falcón tenía el cabello gris y delgado, barba rala y usaba lentes. Pero las dos cabezas estaban unidas a un solo cuerpo que, vestido con traje oscuro y corbata de color verde perico, permanecía sentado detrás del único escritorio en la única silla. Las dos cabezas tenían un cuello en forma de "Y". Antes de perder el conocimiento, David todavía alcanzó a preguntarse cuál de las dos había escogido la corbata.

Despertó en el dormitorio, recostado en su cama.

—¿Te sientes mejor, querido?

La señora Windergast, sentada en la cama de junto, sostenía una esponja y una vasija y lo observaba con ansiedad. Le había aflojado el cuello y echado agua fría en la cara.

—Obviamente, no estabas listo todavía para ver a las cabezas —dijo la mujer con su voz de pajarito—. Puede ser una experiencia muy perturbadora. Los pobres señores Escualo y Falcón eran tan distinguidos y guapos antes de su pequeño accidente.

Si eso era un "pequeño" accidente, pensó David, ¿a qué le llamarían una espantosa calamidad?

—Estamos muy preocupados por ti, David.

La señora Windergast se inclinó hacia él con la esponja, pero David la esquivó. Seguramente había sólo agua en la vasija, pero en la Granja Groosham nunca se sabía. Una rápida salpicada y uno puede despertarse con tres ojos de más y un antojo irrefrenable de sangre fresca.

La prefecta suspiró y dejó caer la esponja.

—El problema —dijo— es que nos acercamos a ti muy tarde y ahora nos queda muy poco tiempo. ¿Cuánto falta? ¡Apenas dos días! Sería una pena perderte, de verdad. Me parece que eres un niño maravilloso, David. ¡Me gustaría tanto...!

—¡Déjeme en paz! —David rehuyó su mirada. No podía sostenérsela. La señora Windergast quizá fuera la abuelita de alguien. Pero ese alguien muy bien podría ser Jack el destripador.

—Está bien, querido. Me doy cuenta de que todavía estás alterado...

La señora Windergast se levantó y salió rápidamente del dormitorio.

David se quedó donde estaba, contento de encontrarse solo. Necesitaba tiempo para pensar, tiempo para arreglar las cosas. Por ahora el recuerdo de los directores se había desvanecido, como si su cerebro se negara a retener la imagen. En lugar de ello, pensaba en lo que acababa de decirle la señora Windergast: "Apenas dos días". ¿Por qué solamente dos días?

Y entonces lo entendió. Tenía que haberse dado cuenta de inmediato. Ese día era el dos de marzo. Al no haber vacaciones y sin recibir correspondencia, era muy fácil olvidarse de las fechas. Pero el cuatro de marzo —dentro de dos días— era un día que no se le podía olvidar. Era su cumpleaños, su cumpleaños decimotercero.

Y entonces recordó algo más. Una vez, platicando con Jeffrey —cuando todavía se podía platicar con Jeffrey—, éste le dijo algo sobre lo desafortunado que era porque su cumpleaños caía en Navidad. Con todo lo que había pasado, se le olvidó; pero ahora lo recordaba. Fue justo el día de Navidad cuando Jeffrey cambió. Fue entonces cuando le dieron el anillo negro, en su cumpleaños decimotercero.

En sólo dos días más, a él le tocaría su turno. Ya fuera que aceptara el anillo y todo lo que venía con él o…

De un brinco, David salió de la cama y se puso de pie. No podía esperar un minuto más. Ya no tenía tiempo. Sabía que tenía que escapar de la Granja Groosham. Sabía que tenía que irse cuanto antes.

Y de repente supo cómo hacerlo.

La fuga

Al día siguiente, uno antes del cumpleaños de David, el capitán Malasangre regresó a la isla. Era jueves y había traído tres cajas de provisiones. Una gran fiesta se preparaba para la noche siguiente y David no dudaba de que él sería el supuesto invitado de honor. Pero no tenía intenciones de asistir. Si las cosas salían como esperaba, el invitado de honor estaría en un tren rumbo a Londres antes de que nadie se diera cuenta.

El sol se había ocultado ya cuando Julia y él, agazapados detrás de una duna, veían al capitán y a Gregor descargar la última caja de provisiones. El bote había llegado tarde ese día, pero ahí estaba —la última oportunidad de David—. Apenas había pronunciado palabra desde su encuentro con las cabezas y Julia también estaba extrañamente callada, como si estuviera molesta por algo. Pero fue ella quien rompió el silencio.

—No va a funcionar —dijo—. Te digo, David, que no hay lugar en la lancha donde puedas esconderte. No sin que él se dé cuenta.

—No nos vamos a esconder en el bote —contestó David.

—Entonces, ¿qué vamos a hacer? ¿Robarlo?

—Exactamente.

Julia lo miró con fijeza, preguntándose si estaría bromeando. Pero la cara de David se veía pálida y seria.

—¿Vamos a robarnos el bote? —murmuró Julia.

—El día que llegamos a la isla me di cuenta de que dejó las llaves puestas en la marcha —David pasó su lengua seca sobre sus labios secos—. Un robo es lo último que se les ocurriría, y además es nuestra única esperanza.

—Pero, ¿sabes cómo manejar una lancha?

—No, pero no debe ser muy diferente a un coche.

—¡Uno no corre el peligro de ahogarse en un coche!

David le echó un último vistazo al acantilado. Gregor y el capitán habían desaparecido y no se escuchaba ya el ruido del *jeep*. Le dio a Julia una palmadita en el hombro y ambos corrieron hacia la embarcación; los guijarros crujían bajo sus pies. El bote se meneaba en vaivén junto al muelle. El capitán Malasangre no había echado el ancla al agua, pero amarró la lancha a un poste con un nudo que se veía como seis serpientes metidas en una lavadora.

Sin ocuparse del amarre por el momento, David subió al bote y fue hasta el timón para buscar las llaves. La cubierta se ladeó por el peso y por un espantoso momento pensó que se había equivocado, que el capitán llevaba las llaves consigo. Pero entonces el bote se inclinó del otro lado y vio el llavero, una

calavera verde esmeralda que se balanceaba al final de una cadena. La llave estaba en su lugar. Respiró hondo. En unos minutos más estarían lejos de ahí.

—¿Cómo funciona?

Julia había subido ya al bote y estaba parada a sus espaldas;
con voz retadora le pedía que le explicara cómo se hacía funcio-

nar aquello. David recorrió los controles con la mirada. Había un timón —eso era fácil— y una palanca que seguramente servía para mover la lancha para atrás o para adelante. Pero en lo que respectaba al resto de los botones, contactos, compases y agujas, bien podían haber sido diseñados para enviar el bote directo a la luna en un viaje sin retorno y David no tenía ni la más remota idea de ello.

—¿Cómo funciona, pues? —volvió a preguntar Julia.

—No es difícil —David la miró con enojo—. Sólo tienes que darle vuelta a la llave.

—Entonces, ¿por qué no lo haces?

—Ya voy.

Lo hizo.

No pasó nada.

David dio vuelta a la llave nuevamente; esta vez la dobló tanto que estuvo a punto de romperla por la mitad. Pero aun así el motor se negó a toser, ni siquiera quiso carraspear.

—Siempre podemos nadar… —comenzó a decir Julia.

En ese preciso momento, David descubrió un botón rojo que estaba arriba de la llave y lo presionó. Enseguida, el motor empezó a zarandearse ruidosamente, mientras el agua en la popa comenzó a echar humo y a burbujear.

—Voy a ver el nudo de la amarra… —dijo David, soltando el timón.

—No —Julia se agachó y recogió un cuchillo de pesca que estaba en la cubierta—. Tú quédate en los controles. Yo me encargo del nudo.

El bote estaba amarrado por la punta y, para alcanzar la cuerda, Julia tuvo que trepar por el borde de la embarcación y luego brincar al muelle. Se paró junto al poste y comenzó a trabajar. El cuchillo era filoso, pero la soga era muy gruesa y, a pesar de que le pasaba el cuchillo una y otra vez con todas sus fuerzas, no parecía avanzar. David la esperaba en el bote; las duelas de la cubierta crujían y vibraban debajo de él. El motor hacía más ruido que nunca. ¿Alcanzarían a escucharlo en la escuela? Miró hacia arriba.

Se quedó petrificado.

El capitán Malasangre venía de regreso. El viento debió llevar el sonido del motor por encima del acantilado. O quizá se percataron de su ausencia a la hora del té. Lo que fuera, el resultado era el mismo. Los habían descubierto y ahora el capitán Malasangre y Gregor bajaban a toda velocidad en el *jeep*, en dirección al muelle.

—¡Julia! —gritó David.

Pero ella también los había visto ya.

—¡Quédate donde estás! —contestó Julia y redobló sus esfuerzos, rasgando la cuerda como un violinista enloquecido. Llevaba ya media soga cortada, pero Gregor y el capitán se acercaban más y más a cada segundo. Ya casi llegaban al pie del acantilado. Les tomaría sólo veinte segundos más alcanzar el embarcadero.

Julia miró hacia arriba, recobró rápidamente el aliento y se lanzó sobre la soga otra vez, aserrándola, cortándola, acuchillándola con la hoja. La soga ya estaba toda deshilachada, los hilos separados; pero todavía rehusaba a partirse por completo.

—¡Aprisa! —gritó David.

No había nada que pudiera hacer. Sus piernas quedaron petrificadas. El *jeep* llegó hasta el extremo del muelle y frenó con un rechinido. El capitán Malasangre y Gregor bajaron de un salto. Julia volteó con la cara demudada de terror; el aire agitaba su cabello. Pero ella seguía cortando. El cuchillo mordió la soga. Otro cabo se soltó.

Gregor iba a la delantera, arrastrando los pies, avanzaba por el muelle en dirección a ella. Julia lanzó un grito y dejó caer el cuchillo.

La soga se rompió a la mitad.

—¡Julia! —gritó David.

Demasiado tarde; Gregor, dando un brinco hacia adelante como sapo humano, había llegado hasta ella. Antes de que Julia pudiera moverse, el jorobado la tiró al suelo rodeándola con los brazos y las piernas.

—¡Vete, David, vete! —gritó.

La mano de David golpeó hacia abajo la palanca. Sintió cómo el bote se sacudía debajo de sus pies mientras la hélice batía las aguas. La lancha se echó en reversa rumbo a mar abierto, arrastrando por el muelle la soga rota.

Entonces el capitán Malasangre se lanzó de un clavado sobre la cuerda. Con un grito de triunfo, sus manos la alcanzaron y se aferraron como tenazas a ella.

El bote se había alejado algunos pies del muelle. Julia, sometida por el enano, observaba todo desde el suelo con expresión desesperada. Gregor chasqueaba la boca horriblemente y su único ojo parecía salirse de su órbita. El motor chilló. La hélice mezclaba las blancas aguas con lodo. Pero el bote seguía sin avanzar. El capitán Malasangre tiraba de él clavando sus talones en la madera, como un vaquero que trata de domar un caballo salvaje. Su boca estaba contraída en una mueca espantosa. Su rostro se había puesto de un rojo púrpura. David no podía creer lo que veía. ¡El capitán tenía que soltarlo! Era imposible que aguantara el jalón, no con el motor a toda su potencia.

Pero no había empujado la palanca de reversa hasta su límite. Quedaban dos centímetros. Con un grito de desesperación, David echó sobre ella todo su cuerpo, forzándola hacia atrás.

¡El capitán Malasangre seguía prendido a la soga! ¡Un hombre contra una lancha! Era una lucha imposible. El bote, encabritado, se salía casi del agua. Pero el hombre se negó a abrir las manos que se agarraban a la cuerda como si de eso dependiera su vida…

—¡*Aaaaaargh!* —gritó el capitán Malasangre.

En ese mismo momento la lancha salió disparada hacia atrás como impulsada por una catapulta.

David abrió los ojos incrédulo.

Las manos del capitán seguían agarradas a la soga. Pero ya no estaban unidas a sus brazos. La fuerza de la máquina las había arrancado limpiamente y, cuando el bote salió volando, con un suave chapuzón cayeron al mar como dos pálidos cangrejos.

Sintiéndose enfermo, David dio vuelta al timón. El bote giró en redondo. Movió la palanca hacia adelante. El agua borbotaba. Y luego se alejó, dejando atrás la Granja Groosham, la Isla Cadavera, a Julia y a un capitán Malasangre sin manos.

El tren fantasma

David atravesó corriendo el campo, la hierba alta le llegaba al pecho. Atrás estaba el bote en el embarcadero, no amarrado sino incrustado. El trayecto había sido todo menos tranquilo.

Era la mañana del día siguiente. Por la niebla, las corrientes y los controles del bote, que le eran desconocidos, a David le tomó más tiempo del que había pensado atravesar las aguas y ya había oscurecido cuando se estrelló contra la costa de Norfolk. Debió pasar la noche en la cabina destrozada y no fue sino hasta que alumbraron los primeros rayos del día cuando se dio cuenta de que había llegado exactamente al mismo lugar de donde había salido.

El campo subía en suave declive hasta el blanco y brillante molino de viento que David había visto por primera vez desde la carroza fúnebre. De cerca, el molino resultaba ser una construcción semiderruida y abandonada, destrozada por el viento y la lluvia. Las aspas no eran más que armazones de madera torcida que más bien parecían las alas esqueléticas de un insecto. Si David esperaba encontrar un teléfono, pronto se desilusionó.

El molino de viento estaba abandonado desde hacía cien años y las líneas de teléfono habían pasado de largo.

Pero del otro lado encontró una carretera y se paró ahí, tambaleándose, muerto de cansancio y frío. Un coche pasó a toda velocidad y David parpadeó. Fue casi como si hubiera olvidado lo que era un automóvil común y corriente. Miró con nerviosismo por encima de su hombro. No había manera de que alguien de la escuela lo hubiera seguido. Pero tratándose de la Granja Groosham no se podía estar seguro de nada, así que se sintió perdido y desamparado en medio del aplastante silencio de aquel páramo.

Tenía que llegar al pueblo más cercano y a la civilización. No tenía dinero. Eso significaba pedir que lo llevaran de aventón. David extendió la mano y puso el pulgar en posición. Seguramente alguien se detendría. Alguien tenía que detenerse.

Setenta y siete coches pasaron. David los contó. No solamente se negaron a detenerse, algunos de hecho aceleraron como si estuvieran ansiosos por evitarlo. ¿Qué había de malo en él? Era sólo un muchacho de trece años común y corriente, y cansado, en medio de ningún lado, tratando de conseguir un aventón. ¡Trece años! "¡Feliz cumpleaños!", se dijo a sí mismo. De mala gana, levantó el pulgar y lo intentó de nuevo.

El coche número setenta y nueve se detuvo. Era un Ford de color rojo brillante, conducido por un hombre alegre y gordo llamado Horacio Revago. El señor Revago resultó ser agente viajero. Según le explicó, se dedicaba a vender trucos de magia y bromas. No había necesidad de explicar nada. Cuando David se sentó, del asiento escapó un ruido sordo; el chicle que le ofreció era de jabón y había dos palomas, un conejo y una tira de salchichas de plástico dentro de la guantera.

—¿De dónde vienes? —preguntó Horacio al tiempo que levantaba la barbilla para hacer girar su corbata de moño.

—De la escuela —susurró David.

—¿Te estás escapando? —Horacio levantó una ceja, luego la otra y movió las aletas de la nariz.

—Sí —David respiró hondo—. Tengo que llegar a una estación de policía.

—¿Por qué?

—Estoy en peligro, señor Revago. La escuela es una locura. Está en una isla y todos son vampiros y brujas y fantasmas... y quieren convertirme en uno de ellos. ¡Tengo que detenerlos!

—Ja, ja, jaaarg —la risa de Horacio Revago sonó como el mugido de una vaca a la que estuvieran estrangulando; su cara se puso roja y la flor que llevaba en el ojal comenzó a escupir un chorro de agua sobre el tablero—. Así que también eres medio bromista, ¿eh? —dijo por fin—. ¿Te quieres divertir? Te puedo vender una bomba apestosa o cochinadas de plástico...

—Le estoy diciendo la verdad —protestó David, ofendido.

—¡Claro, claro! ¡Y yo soy el conde Drácula! ¿No? —el vendedor de bromas volvió a carcajearse—. ¡Vampiros y brujas! ¡Qué buen chiste, mi amigo! ¡Qué buen chiste!

David se bajó en Hunstanton, el primer pueblo. El señor Revago se había reído tanto durante el camino que las lágrimas chorreaban por sus mejillas y una verruga de mentiras que tenía en la barbilla se le despegó. Todavía chillaba de risa cuando arrancó; al agitar la mano, de sus mangas salieron naipes. David esperó a que el coche se alejara. Luego echó a caminar.

Hunstanton era un pueblo turístico. Durante el verano debía de llenarse de vida y color, pero fuera de temporada no se paraban ni las moscas en esa aburrida mezcla de techos grises y torres, tiendas y plazas que bajaban zigzagueantes por una colina hasta la orilla del mar frío y picado. Había un muelle con un montón de botes de pesca medio envueltos en sus propias redes; se veían como los peces que debían atrapar. A lo lejos algunas carpas grises y una cerca de madera rodeaban lo que durante el verano debía ser un parque de diversiones. En ese nublado día de primavera no se veía ni una pizca de diversión por ningún lado.

David tenía que encontrar la estación de policía. Pero en cuanto empezó a buscarla, lo asaltó un pensamiento perturbador. Horacio Revago no había creído una sola palabra de lo que le había dicho. ¿Por qué habrían de creerle los demás? Si hablaba de magia negra y brujería, probablemente lo metieran en el manicomio de la localidad. O pero aún, podrían detenerlo y llamar a la escuela. Tenía sólo trece años. Y era un hecho comprobado que los adultos nunca les creían a los niños de trece años.

Se detuvo y miró a su alrededor. Estaba frente a una biblioteca y, movido por un impulso, dirigió sus pasos hacia ella. Por fin había algo que podía hacer: informarse más. Entre más supiera, mejor podría defender su caso. Y los libros parecían el mejor lugar para empezar.

Por desgracia, la biblioteca de Hunstanton no tenía una sección de brujería muy amplia. De hecho, sólo había tres libros en el estante; dos de ellos habían sido colocados ahí por equivocación (en realidad correspondían a la sección de brújulas e instrumentos de precisión), pero el tercero parecía prometedor. Se llamaba *Magia negra en Bretaña* y su autora era una tal Beti Rinaria. David lo hojeó y luego lo llevó a la mesa para leerlo con cuidado.

cofradía: Reunión de brujos, por lo general en número de trece o de un múltiplo de trece. La razón principal de ello es que con frecuencia se considera que doce es un número perfecto, de modo que la figura trece viene a significar muerte. Trece es también la edad a la que un novicio se integra a la cofradía.

iniciación: Por lo general al nuevo brujo o la nueva bruja se le obliga a escribir su nombre en un libro negro, el cual es guardado por el maestro de la cofradía. Es costumbre que el nombre se escriba con la propia sangre del novicio. Una vez que ha firmado, él o ella recibirá un nuevo nombre. Éste es un nombre de poder y puede tomarse de un brujo anterior como signo de respeto.

brujos: Entre los brujos famosos de Bretaña se encuentran Roger Bacon, cuya fama se debe a que caminó entre dos torres de Oxford; Besi Dunlop, quien fue quemada viva en Ayrshire, y William Rufus, un gran maestro satánico que vivió en el siglo XIII.

sabbat: El sabbat de las brujas tiene lugar a medianoche. Antes de prepararse para el sabbat, las brujas se frotan en la piel un ungüento de cicuta y acónito. El ungüento provoca un estado similar al sueño, el cual, se cree, ayuda a liberar poderes mágicos.

magia: La magia más conocida que los brujos usan es la llamada "ley de la similitud". En ella, un muñeco de cera representa a la víctima de la furia del brujo. Cualquier cosa que se haga al muñeco lo sufrirá la víctima humana. La herramienta mágica más poderosa de los brujos es el "familiar", una criatura que actúa como una especie de sirviente diabólico. El gato es la clase de familiar más común, pero se han usado otros animales, como cerdos e, incluso, cuervos.

Sentado ahí, leyendo aquel libro, David perdió la noción del tiempo. Al atardecer ya había leído todo lo que quería saber sobre la Granja Groosham, así como otras cosas que hubiera querido no saber. El libro le deparaba otra sorpresa. David estaba a punto de levantarlo y llevarlo a su lugar, cuando se abrió en otra página y sus ojos tropezaron con una entrada que llamó poderosamente su atención:

Granja Groosham: *Véase nota del editor.*

Con curiosidad, David buscó al final del volumen. En la última página había una breve nota escrita por el editor:

Cuando estaba escribiendo este libro, la señorita Beti Rinaria emprendió un viaje al condado de Norfolk con el propósito de hacer una investigación sobre la Granja Groosham, la legendaria academia de brujería donde alguna vez los jóvenes novicios fueron adiestrados en el arte de la magia negra.

Desafortunadamente, la señorita Beti Rinaria nunca regresó de ese viaje. Su máquina de escribir fue devuelta por las aguas del mar varios meses después. Por respeto a su memoria, los editores decidieron dejar esta sección en blanco.

¡Una academia de brujería! Las palabras seguían dando vueltas en su cabeza cuando salió de la biblioteca. ¿Qué otra cosa podría ser la Granja Groosham? Latín fluido, modelado en cera, clases de cocina un tanto extraña y estudios religiosos muy poco cristianos… Todo encajaba. Pero David nunca había querido ser brujo. ¿Por qué entonces lo habían escogido a él?

Caminaba por la calle principal junto a las tiendas que ya se preparaban para cerrar, cuando un movimiento captado con el rabillo del ojo lo hizo detenerse y voltear. Por un momento pensó que se lo había imaginado. Pero entonces, una figura contrahecha salió disparada de atrás de un coche.

Era Gregor.

De alguna manera, el enano había llegado a Hunstanton y David supo de inmediato que lo buscaba. Sin pensarlo, echó a correr colina abajo en dirección al mar. Sabía lo que le pasaría si lo encontraban. La escuela lo mataría antes de permitirle contar su historia. Era un hecho que ya habían asesinado a dos. ¿Cuántos más habían terminado en el cementerio de la Isla Cadavera prematuramente?

No fue sino hasta que estuvo frente al mar que se detuvo para tomar aliento y tratar de calmarse. Era una coincidencia, tenía que serlo. Gregor estaba ahí de compras o visitando a un amigo. Nadie en la escuela podía saber que todavía se encontraba en Hunstanton.

A unos metros de él, Gregor soltó una risita. El jorobado estaba sentado en un muro de ladrillo de poca altura, viéndolo con su único ojo, redondo como una cuenta. Sacó algo de su cinturón. Era una navaja de por lo menos veinte centímetros de largo que brillaba malignamente. David se dio la vuelta y echó a correr otra vez.

No tenía idea de hacia dónde se dirigía. El mundo entero se inclinaba y se estremecía cada vez que sus pies golpeaban contra el frío pavimento de concreto. Lo único que podía escuchar era su propia respiración angustiada. Cuando volteó nuevamente hacia atrás, el enano ya no estaba ahí. Hunstanton se veía a la distancia. Había llegado al final del camino. De pronto, se vio rodeado por unas carpas pandeadas y unos quioscos de madera torcidos. ¡El parque de diversiones! Se encontraba justo en el centro de él.

—¿Te gustaría dar una vuelta, hijo?

El que habló era un hombre viejo con un abrigo raído y un cigarro que colgaba de una esquina de su boca. Estaba detrás del tren fantasma. Había tres carros —uno azul, otro verde y el tercero, amarillo— sobre una vía curva que se perdía detrás de un par de puertas.

—¿Una vuelta? —David recorrió con la mirada desde el tren fantasma hasta la orilla del mar. No había señales de Gregor.

—Sí, tengo que hacer una prueba —el viejo aplastó su cigarro y tosió—. ¡Qué suerte que hayas aparecido! Te puedes dar una vuelta gratis.

—No, gracias…

En cuanto David pronunció estas palabras vio otra vez a Gregor que entraba en el terreno de la feria. No había visto a David aún, pero lo estaba buscando. Todavía llevaba el cuchillo en la mano, con la punta hacia arriba.

David brincó dentro del carro. Tenía que desaparecer de su vista. Un par de minutos dentro del tren fantasma podrían ser suficientes. Por lo menos, Gregor no podría seguirlo ahí dentro.

—Sujétate fuerte.

El viejo presionó un botón y el carro avanzó jaloneándose.

Un segundo después chocó con las puertas. Éstas se abrieron y luego se cerraron de un golpe detrás de él. David fue tragado por la oscuridad. Sintió que se asfixiaba. Entonces una luz roja brilló detrás de una calavera de plástico y David volvió a respirar. Si la calavera tenía el propósito de asustarlo, el efecto había sido el contrario. Le recordó que se trataba sólo de un entretenimiento, una vuelta en un juego de feria, con máscaras de plástico y focos de colores. Un altavoz rompió el silencio con un *¡buuu!* grabado y David esbozó una sonrisa. Una luz verde parpadeó. Una araña de goma se balanceó hacia arriba y hacia abajo en un alambre muy visible. David sonrió nuevamente.

Entonces el carro se precipitó en un abismo.

La caída en la oscuridad fue tan larga que David sintió el aire correr entre sus cabellos y su espalda pegada al respaldo del asiento. En el último momento, cuando creyó que se estrellaría haciéndose pedazos al final de la vía, el carro frenó suavemente como si hubiera sido detenido por un colchón de aire.

—¡Vaya paseo…! —se dijo.

Era un alivio escuchar el sonido de su propia voz.

Otra luz se encendió; una luz que en cierto modo resultaba menos eléctrica que las otras que había visto antes. El sonido de un suave burbujeo salía de los altavoces, sólo que de pronto David se preguntó si ahí habría altavoces. El sonido era muy real. También percibió un olor; un olor de humedad como el de un pantano. Antes de la caída, podía sentir las vías debajo del carro. Ahora parecía que iba flotando.

Una figura apareció en la oscuridad. Era un muñeco de plástico cubierto con un manto negro. Pero luego aquella figura levantó la cabeza y David se dio cuenta de que se trataba de un hombre, un hombre que David conocía muy bien.

—¿Realmente creíste que podías escapar de nosotros? —preguntó el señor Tragacrudo.

El tren fantasma reptó hacia adelante. La señora Windergast se paró frente a él.

—No pensé que fueras tan tonto —trinó la mujer.

David se replegó en su asiento cuando vio que el carro se lanzaba contra ella, pero en el último momento una fuerza invisible jaló el vehículo hacia un lado y David se encontró frente al señor Escualo y al señor Falcón, ambos iluminados por un pálido resplandor azul.

—¡Qué desilusión, señor Escualo!

—¡Qué desastre, señor Falcón!

El tren fantasma se echó en reversa dando tumbos. La señorita Pedicure agitó su dedo índice y chasqueó la lengua. Monsieur Leloup, mitad hombre, mitad lobo, aulló. El señor Oxisso, pálido y semitransparente, abrió la boca para decir algo, pero, en lugar de palabras, de ella salió una bocanada de agua de mar.

David se quedó donde estaba, agarrado al filo del asiento y respirando apenas, mientras todos los miembros del personal de la Granja Groosham iban apareciendo, uno tras otro, delante de él. Un humo negro comenzó a retorcerse alrededor de sus pies y pudo distinguir un resplandor rojo a la distancia que se hacía más brillante conforme se acercaba a él. De pronto algo se enganchó a la parte trasera del carro, justo encima de su cabeza. David miró hacia arriba. Dos manos de dedos retorcidos se habían agarrado al metal. Pero las manos no estaban unidas a brazo alguno.

David gritó.

El tren fantasma atravesó como rayo un segundo par de puertas. El resplandor rojizo del inmenso sol del atardecer estalló hiriendo sus ojos. Un viento frío agitó sus cabellos. Abajo, a lo lejos, las olas chocaban contra las rocas.

El tren fantasma lo había llevado de regreso a la Isla Cadavera. El carro amarillo descansaba sobre la hierba en la cima del acantilado. No había vías, ni muñecos, ni feria.

Era la tarde de su cumpleaños decimotercero y las sombras de la noche comenzaban a extenderse sobre la tierra.

A través del espejo

La escuela estaba desierta.

David se fue a la cama, pues estaba muy deprimido para hacer cualquier otra cosa. Su huida no había servido de nada. No había podido encontrar a Julia. Era el peor cumpleaños de su vida. Y si las cosas seguían así, probablemente también sería el último.

Pero no pudo dormir. ¿Dónde estaba todo el mundo? Eran más o menos las seis cuando regresó a la escuela. Durante las cuatro horas que llevaba tirado en la cama no había visto ni oído una sola alma. Y no es que hubiera almas en la Granja Groosham, todas habían sido vendidas hacía mucho tiempo, y David sabía a quién.

Unas pisadas en las desnudas duelas del dormitorio lo hicieron ponerse en guardia y se incorporó; pero un momento después se relajó al descubrir que era Julia quien se acercaba.

—¡Julia...! —exclamó, contento de verla.

—Hola, David —se oía tan deprimida como él se sentía—. ¿Así que no pudiste escapar?

—Sí pude, pero... en fin, es una historia muy larga —David

brincó de la cama; estaba vestido todavía—. ¿Dónde están todos? —preguntó.

Julia se encogió de hombros. Era difícil ver su cara. Un velo de sombras caía sobre sus ojos.

—¿Qué te pasó después de que me fui en el bote? —preguntó David.

—Luego hablaremos de eso —contestó Julia—. Ahora debo enseñarte algo. Ven.

David la siguió fuera del dormitorio. Estaba un poco intrigado; ella se veía bien y supuso que nadie la había castigado por haber participado en el escape. Pero parecía fría y distante. Quizá lo culpaba por haberla dejado. David podía entender eso. De hecho, él mismo seguía sintiéndose culpable por ello.

—Descubrí muchas cosas sobre la Granja Groosham, David —dijo mientras bajaban las escaleras—, y muchas otras sobre los profesores.

—Julia... —dijo David, deteniéndola con la mano—, perdóname por haberme ido sin ti.

—No importa, David. Todo resultó bien —le sonrió, pero su cara se veía pálida bajo la tétrica penumbra del corredor. Luego se liberó de la presión de su mano y aceleró el paso en dirección a la biblioteca—. Todos los miembros del personal son... bueno, no son exactamente humanos. El señor Tragacrudo es un vampiro. La señora Windergast es bruja. El señor Escualo y el señor Falcón son hechiceros que practican la magia negra. Antes eran dos personas hasta que uno de sus experimentos falló. El señor Oxisso es un fantasma y la señorita Pedicure ha vivido eternamente.

—Pero, ¿qué quieren de nosotros?

—Quieren enseñarnos —Julia llegó a la puerta de la biblioteca, dio vuelta a la manija y entró—. Tú eres el séptimo hijo de un séptimo hijo. Yo soy la séptima hija de una séptima hija.

—¿Y eso qué?

—Significa que somos brujos. Nacimos brujos. No es nuestra culpa. Nadie tiene la culpa de eso. Pero al igual que todos los niños aquí, tenemos poderes. Los maestros sólo pretenden enseñarnos a usarlos.

—¿Poderes? —David agarró a Julia de un brazo y de un jalón la hizo voltear para verla de frente. Julia no opuso resistencia, pero parecía como si sus ojos miraran a través de él—. Yo no tengo ningún tipo de poderes, ni tú tampoco.

—Los tenemos. Sólo que no sabemos cómo usarlos —Julia estaba frente al espejo, extendió la mano y golpeó el vidrio con los nudillos; luego volteó hacia David—. Usa tu poder —lo retó—. Pasa a través del espejo.

—¿A través del espejo? —David miró el espejo, luego a Julia y otra vez al espejo. Recordó su sueño: cómo había atravesado el vidrio y luego caminado por una caverna subterránea. Pero aquél había sido sólo un sueño. Ahora estaba despierto. El vidrio era sólido y lo único que parecía haberse hecho añicos era el sentido común de Julia.

—Tú puedes hacerlo, David —insistió—. Tienes el poder. Todo lo que necesitas es usarlo.

—Pero...

—¡Inténtalo!

Enojado, confundido, al borde del terror, David se apartó violentamente de ella y luego lanzó con fuerza su hombro contra el vidrio. Quería romper el espejo, enseñarle que estaba equivocada. Luego averiguaría qué era lo que pasaba con Julia.

Su hombro se hundió en el vidrio.

Tomado por sorpresa, perdió el equilibrio y casi tropezó. Su cabeza y las palmas de sus manos hicieron contacto con el espejo —hicieron contacto con nada— y pasaron a través de la barrera como si no hubiera barrera alguna. Fue como caer dentro de un televisor. Un momento antes estaba en la biblioteca, un momento después se encontraba apoyado sobre una roca húmeda y brillante, respirando el aire frío de un túnel.

Miró hacia el lugar por donde había entrado. El túnel parecía terminar en una hoja de acero. Así era como se veía el espejo desde el otro lado. Luego Julia lo atravesó como si se tratara de una hoja de agua y se paró delante de él con las manos en la cintura.

—¿Ya ves? Te dije que podías hacerlo.

—Pero, ¿cómo supiste? —preguntó David.

—Sé muchas cosas más...

Rozándolo al pasar, Julia lo rebasó y continuó su marcha internándose en el túnel. David la siguió, preguntándose si después de todo no estaría soñando. Pero todas las cosas parecían tan reales. Una corriente de aire lo hacía temblar, sentía el sabor del agua salada en sus labios y el peso de las rocas que lo rodeaban. El pasadizo bajaba cada vez más y más y se le taparon los oídos por efecto de la presión.

—¿Adónde lleva este camino? —preguntó.

—Ya verás.

Cuando parecía que habían recorrido casi un kilómetro, David se percató de la presencia de un extraño resplandor plateado. No había lámparas o antorchas que alumbraran el camino y ahora caía en la cuenta de que todo el túnel estaba iluminado por el mismo resplandor, como si se tratara de la niebla proveniente de un lago subterráneo. Julia se detuvo para esperarlo. David apuró el paso, salió del túnel y entró en...

Era una caverna enorme, la misma que había aparecido en su sueño. Estalactitas y estalagmitas colgaban del techo y se erguían en el suelo, como si hubieran sido talladas en los sueños de la misma madre naturaleza. Una pared completa estaba cubierta por una cascada petrificada de un blanco brillante;

una eternidad congelada. En el centro se encontraba la piedra de los sacrificios: una plancha de granito sólido terriblemente contundente. El señor Tragacrudo estaba parado detrás de ella. Los estaba esperando. Julia lo había llevado hasta ellos.

David se dio la media vuelta, buscando algo que sabía que encontraría, algo que debía haber visto desde el principio. Y ahí estaba, en el tercer dedo de Julia. Un anillo negro.

—¡Julia…! —incapaz de hablar, sacudió la cabeza—, ¿cuándo cumpliste trece años? —preguntó al fin.

—Ayer —dijo Julia, y luego le lanzó una mirada de reproche—. No me deseaste feliz cumpleaños. Pero no importa, David —le sonrió—. Mira, estábamos equivocados. Nos empeñamos en luchar contra ellos. Pero, en realidad, todo el tiempo han estado de nuestro lado.

Sintió que se hundía en la desesperación, como se hunde un cuerpo en arenas movedizas. Ya no tenía voluntad para seguir luchando. Había fracasado —fracasado en su huida, fracasado en todo—. Se habían apoderado de Julia. Era una de ellos. Finalmente estaba solo.

Y ahora era su turno.

Como uno solo, todos los alumnos de la Granja Groosham salieron de entre las sombras desde el extremo de la caverna y formaron un círculo alrededor de él. El resto del personal apareció detrás del señor Tragacrudo. David avanzó lentamente hacia el bloque de granito. No quería hacerlo, pero sus piernas ya no obedecían sus órdenes.

Se detuvo frente al señor Tragacrudo. Los otros alumnos cerraron el círculo a su alrededor. Todos los observaban.

—Has luchado férreamente contra nosotros durante mucho tiempo, David —dijo el señor Tragacrudo—. Te felicito por tu valor. Pero el tiempo de pelear ha terminado. Hoy es tu decimotercer cumpleaños. Se acerca la medianoche. Tienes que tomar una decisión. Escúchame, David. Tú eres el séptimo hijo de un séptimo hijo. Por eso te trajimos a la Granja Groosham. Tienes poderes. Queremos enseñarte a usarlos.

—¡Yo no soy brujo! —chilló David. El eco de sus palabras retumbó en la caverna—. ¡Nunca lo seré!

—¿Por qué no? —el señor Tragacrudo no levantó la voz, pero hablaba con una intensidad y una pasión que David no le había oído nunca antes—. ¿Por qué no, David? ¿Por qué te niegas a ver las cosas a nuestra manera? ¿Piensas que los fantasmas y las brujas y los vampiros y los monstruos de dos cabezas son malos? ¿Por qué? ¿Sabes qué es eso, David? ¡Un prejuicio! ¡Un prejuicio racial!

El señor Escualo y el señor Falcón asintieron con su respectiva cabeza en señal de aprobación.

—¡Bravo! ¡Bravo! —murmuró la señora Windergast.

—No hay nada malo con nosotros. ¿Te hemos hecho daño?

Cierto que tuvimos que hacernos cargo del señor Maschico, pero no fue nuestra culpa. Ustedes lo trajeron aquí. Lo único que hicimos fue protegernos. El problema es que has visto demasiadas películas de terror. A los vampiros nunca se nos ha hecho justicia en la pantalla. ¡Y qué me dices de los hombres lobo! Sólo porque a mi buen amigo, Monsieur Leloup, le entra un irresistible antojo de ensalada de pichón cuando hay luna llena, todo el mundo piensa que tiene derecho a cazarlo y dispararle balas de plata. ¿Y qué con el señor Oxisso? De acuerdo, está muerto. Pero de todos modos es un buen maestro; de hecho es más vivaz que muchos maestros vivos que conozco.

—Pero yo no soy como ustedes —insistió David—. No quiero ser como ustedes.

—Tú tienes el poder —contestó el señor Tragacrudo—. Eso es lo importante. Y la pregunta que deberías hacerte, David, es si realmente quieres quedarte con tus progenitores y seguir los pasos de tu extravagante y desagradable padre en el banco mercantil, o si quieres ser libre. Únete a nosotros y serás rico. Podemos enseñarte cómo convertir el plomo en oro, cómo destruir a tus enemigos con sólo tronar los dedos. Podemos mostrarte cómo ver el futuro y usarlo en tu provecho. ¡Piénsalo, David! Puedes tener todo lo que quieras… y más. ¡Mira a la señorita Pedicure! Ella ha vivido por siempre. Tú también puedes… Está bien, lo admito. Somos francamente malignos. Mis amigos el señor Escualo y el señor Falcón son los más malignos de nosotros. Han ganado premios por ser malignos. Pero ¿qué hay de malo en ser maligno? Nunca hemos lanzado una bomba atómica sobre nadie. Nunca hemos contaminado el ambiente o experimentado con animales, nunca hemos recortado el presupuesto público destinado a la salud. Nuestra malignidad es más bien agradable. ¿Por qué crees que se han hecho tantos libros y películas sobre nosotros? Porque le caemos bien a la gente. En realidad somos encantadoramente malignos.

Mientras el señor Tragacrudo hablaba, los sesenta y cuatro alumnos de la Granja Groosham, todos jóvenes adeptos y brujos novicios, fueron estrechando el círculo. Ahora se acercaban más a David. Julia estaba junto a Jeffrey. William Rufus estaba del otro lado. Sesenta y cuatro anillos negros brillaban en la luz subterránea.

El señor Tragacrudo sostenía el número sesenta y cinco.

—Disfruté mucho el enfrentamiento, David —dijo—. No quise que fuera fácil. Admiro el valor. Pero ahora ya es medianoche —extendió la mano que tenía libre. Gregor se metió entre los alumnos y le entregó su cuchillo—. Elige —continuó el señor Tragacrudo—, el anillo o el cuchillo. Puedes rechazarnos una última vez. En ese caso, lamentablemente me veré forzado a enterrar la hoja en tu corazón. Te aseguro que a mí me dolerá más que a ti. Después tendrás un entierro decente en el cemen-

terio de la escuela. La otra opción es aceptarnos, tomar un nuevo nombre y empezar tu educación en serio. Pero en este caso
no habrá vuelta atrás, David. Si te unes a nosotros, te unes para
siempre.

David fue obligado a acostarse sobre el bloque de granito. El
círculo de rostros giraba alrededor de él. Ahí estaba el anillo.
Ahí estaba el cuchillo.

—Y bien, David —preguntó el señor Tragacrudo—, ¿qué dices?

Séptimo hijo

—Cuando era niño —dijo el señor Eliot—, tenía que trabajar durante las vacaciones. Mi padre me hacía trabajar tanto, que tenía que pasar tres semanas en el hospital antes de poder regresar a la escuela.

—Pero David tiene sólo un día de vacaciones —le recordó la señora Eliot al tiempo que vertía ginebra en un vaso.

—Estoy consciente de ello, querida —replicó el señor Eliot, arrebatándole el vaso para bebérselo—. Y déjame decirte que un día me sigue pareciendo demasiado. Si a mí me hubieran expulsado del Colegio Beton mi padre no me habría vuelto a hablar jamás. De hecho, me habría cortado las orejas para que no pudiera oírlo en caso de que me dirigiera la palabra por error.

Ambos estaban sentados en la sala de su casa del paseo Wiernotta, en la ciudad de Londres. Edward Eliot fumaba un puro. Eileen Eliot, en tanto, acariciaba a Ginebra, su gata siamesa consentida. Acababan de comer ensalada de jamón, preparada en el más puro estilo vegetariano, sin jamón.

—Tal vez deberíamos llevarlo al cine o algo así —sugirió nerviosa la señora Eliot.

—¿Al cine?

—Bueno… o a un concierto…

—¿Estás loca? —el señor Eliot dio un manotazo, se echó hacia adelante y apagó su cigarro en el lomo de la gata. El animal lanzó un chillido y dio un brinco, desgarrando las medias de la señora Eliot y, de paso, parte de su pierna—. ¿De dónde sacas que tenemos que llevarlo a algún lado? —preguntó el señor Eliot.

—Tienes razón, mi amor —sollozó la señora Eliot mientras volcaba el resto de la ginebra en su pierna para detener la hemorragia.

Entonces se abrió la puerta y entró David.

Había cambiado desde su partida a la Granja Groosham. Ahora era más delgado, más grande y más sabio. Siempre había sido un niño tranquilo, pero ahora se notaba algo extraño en su silencio. Era como si hubiera un muro entre él y sus padres. Y cuando los veía, su mirada era suave, casi despiadada.

El señor Eliot vio su reloj.

—Bien, David —dijo—, te quedan siete horas y veintidós minutos de tu día de vacaciones. ¿Por qué no vas a cortar el pasto?

—Pero es pasto artificial —protestó la señora Eliot.

—¡Pues entonces que lo lave!

—Lo que tú digas, querido —la señora Eliot le lanzó la mejor de sus sonrisas y luego se desmayó por la pérdida de sangre.

David suspiró. Siete horas y veintidós minutos. No se había percatado de que faltaba tanto tiempo todavía.

Levantó la mano derecha.

—¿Qué es eso que llevas en la mano? —le preguntó su padre.

David murmuró unas palabras.

No hubo bocanadas de humo ni destellos de luz. Pero fue como si en ese momento alguien hubiera sacado una foto de sus padres y éstos se hubieran paralizado en esa escena. La señora Eliot quedó con medio cuerpo fuera de la silla, a punto de caer en la alfombra. El señor Eliot estaba por decir algo, así que quedó con la boca abierta y con la lengua entre los dientes.

El conjuro había sido simple, pero lo suficientemente efectivo para que sus padres se quedaran así durante las siguientes tres semanas.

David, pensativo, frotó su anillo. Había articulado las palabras de poder con perfecta pronunciación. Probablemente la señora Windergast diría que tres semanas era demasiado tiempo, que unas cuantas horas habrían bastado; pero, por otra parte, también era perfeccionista, así que todos los hechizos que David había aprendido de ella tendían a ser sumamente fuertes. Quizá era un poco demasiado entusiasta.

Subió a su cuarto y se recostó en la cama. Una malteada de chocolate se materializó en el aire y llegó flotando hasta él. Pensaba en el próximo periodo de clases en la Granja Groosham.

Él y Julia tomarían sus primeros cursos avanzados durante el verano: telepatía, control del clima, modelado en cera y —el más complicado de los cuatro— sacrificios de sangre II.

¿Y luego qué? Dio un sorbo a su malteada y sonrió. Le quedó perfecta —espesa y con mucho chocolate—. Todavía se sonrojaba cuando se acordaba de su primer intento. En clase de cocina, lanzó un conjuro para preparar una malteada perfecta: plátano con dos bolas de helado. Pero se olvidó de incluir un vaso. Hacía poco que se había acostumbrado a sus poderes y apenas comenzaba a disfrutarlos.

¿Qué haría después con ellos? ¿Magia negra o magia blanca? ¿El bien o el mal?

Esa decisión la dejaría para más tarde; por lo menos hasta que aprobara sus exámenes. Y David estaba seguro de que los aprobaría. Era el séptimo hijo de un séptimo hijo. Y nunca en la vida se había sentido tan bien como ahora.

La Granja Groosham, de Anthony Horowitz,
número 78 de la colección A la Orilla del Viento,
se terminó de imprimir y encuadernar en agosto de 2015
en Impresora y Encuadernadora Progreso, S. A. de C. V. (IEPSA),
calzada San Lorenzo, 244; 09830 México, D. F.

El tiraje fue de 6 600 ejemplares.